JN315106

ケネス・サンダース

ポスト・クライン派の精神分析
クライン、ビオン、メルツァーにおける真実と美の問題

平井正三 序
中川慎一郎 監訳
賀来博光・工藤晋平・坂下優二
南里幸一郎・西 見奈子・渡邉真里子
共 訳

みすず書房

POSTKLEINIAN PSYCHOANALYSIS
The Biella Seminars

by

Kenneth Sanders

First Published by Karnac Books, Ltd., 2001
Copyright © Kenneth Sanders, 2001
Japanese translation rights arranged with Karnac Books, Ltd., through
Cathy Miller Foreign Rights Agency, London

『ポスト・クライン派の精神分析』と「神なき神学」

平井正三

　ケネス・サンダース先生の『ポスト・クライン派の精神分析』は，フロイト，クライン，ビオン，メルツァーという精神分析の流れの本質を明瞭に示している。それは，本書の随所に見られる文学への言及で示されているように，芸術－科学としての営みであるとともに，最終章で論じられているように「永遠の哲学」とつながる人類普遍の営みに連なるものでもある。それはいわば「神なき神学」の趣を呈しているとも言えるかもしれない。

　フロイトは，心の中にあることをありのまま見る方法，すなわち自由連想法を考案することで，心という現象を科学的に探究していく道を見出した。私たちの心は，「こうあらねばならない」「このはずである」「こんなことを思っているはずはない」などの道徳的限定に満ちており，自分自身の心の中に実際に何が起こっているか考えることができないでいる。しかし，実際に自分の心の中に何が起こっているか考えていくことができれば，心の中に起こっているトラブルの解決もおのずと見えてくるかもしれないのである。さらにフロイトは，この自由連想法を用いた実践の中で，心の問題は患者の心の中に現れる代わりに，分析家との関係性の中に現れることに気づいていった。このようにして，心の探究の領域は，被分析者自身の心の中に限定されず，分析家との関係性に拡張されていき，それは転移として概念化されたのである。こうして自由連想法と転移の分析は，精神分析実践の土台になっていったのであるが，それらはどちらもありのままをみていくこと，すなわち科学的な真実探究がその核心であると言えよう。

　このようにフロイトは，精神分析を科学的営みの中に位置づけ，宗教と無縁，もしくはその対極にあるものと考えていたようである。彼は，「幻想の未来」や「モーゼと一神教」などの論文に見られるように，宗教は，「現実」を受け入れることに耐えられないことに起因する，幼児的な依存欲求に基づく願望思

考であり，神への信仰は錯覚であると論じている。こうしたフロイトの神概念に対する敵対を，内的現実の概念化の不十分さと関連付けてみることができるかもしれない。それは例えば「狼男」の夢との関連で，原光景が実際に目撃されたことなのかそれとも空想なのかに関して，彼が非常に回りくどい議論を展開していることに現れているように思われる。結局，内的現実の概念化の完成には，クラインとビオンを待つしかなかった。クラインの考えでは，内的現実は外的現実と相互作用をしながらも独自の存在として展開していくのであり，原光景は，それを実際に目撃したかどうかに関係なく心の中の両親の結びつきとして存在する。この心の中の両親対象，そして原光景のさらに原型が乳房であり，心の健康や幸福や想像力の源泉そのものなのである。この心の中の原型的母性対象が悪化すれば精神状態そのものの悪化につながり，その改善は精神状態の改善そのものと同義になる。

　こうしてクラインは，内的現実という概念を通じて，神の問題を再び精神分析に導入することを可能にした。この場合，神とは外的現実の何かを言い表す概念ではなく，内的現実のある側面を記述する言葉なのである。クラインはこのようにフロイト理論を根底から変革する着想を生み出し，精神分析の新たな方向性を指し示したが，その理論的技法的洗練はビオンによって切り開かれメルツァーによって展開される「ポスト・クライン派」と総称される動きに担われていった。

　ビオンは，クラインにおいていまだあいまいであった「内的現実」という概念に取り組んだとみることができる。内的対象や内的世界と言った場合，クラインがまず意味していたのは「心の中」ではなく「自分＝体」の内部という意味合いであった。クラインがこうした見解を持ったのは，幼い子どもや精神病的な患者との分析のなかで現れる非常に具象的な思考様式に基づいていたのであるが，心的現実としての内的現実がどのようにして立ち現れるのかは明確ではなく，それを明らかにしていったのがビオンの仕事であった。ビオンは，それ自体意味を持たない情動経験が，いかにしてアルファ機能を通じて，象徴的なもの，すなわち心的なものに変容されていくか，そしてそれがいかにして阻害されるかを探究していったのである。別の言い方で言えば，ビオンは，どのようにして心が心として生成されていくかというモデルを作り出した。このと

『ポスト・クライン派の精神分析』と「神なき神学」

き決定的な役割を果たすのがアルファ機能であるが，それは当初母親によって遂行される機能であり，次第にそれを内在化することで獲得される。とすると，心的存在として自己を作り出すのに決定的役割を果たすのは，母親のアルファ機能であり，夢想であると言える。クラインにおいて乳房は栄養と理解を与えてくれる存在であったが，ビオンを通じて，それは乳児のために考えてくれる存在であるという意味で「心／乳房」なのである。そして乳児は心そのものを作り出し，考えを生成する「心／乳房」を内在化させていくのである。自己を超越して存在し，自己を生成し，自己に意味を与える存在を「神」と呼ぶのであれば，「心／乳房」は自己にとっての神そのものである。これは非科学的な盲信ではなく，自由連想と転移の分析という，ありのままをみていく科学的な吟味を通じて発見される「現実」であることは，サンダース先生が，本書『ポスト・クライン派の精神分析』の生き生きとした臨床記述で例証しているとおりである。

　サンダース先生は，メルツァーの仕事は，こうしたフロイト－クライン－ビオンの展開の含みをより明確にしていることを示している。ビオンは，精神分析において科学と宗教は本質的な結びつきを持ちうることを示したわけであるが，メルツァーは，真実の経験はまた愛情と憎しみも搔き立てる情緒経験でもあり，美的経験そのものでもあると論じる。つまり真実は美であり，美は真実なのである。人は意味を求めるものであるが，意味とは情緒経験であり，情緒経験はKとLとH，すなわち好奇心と愛情と憎悪が入り混じった情念と関わり，その核心は真実と美なのである。こうしてメルツァーは，ビオンを援用しながら，発達の根源的な分かれ目は，「神」としての「心／乳房」との美的葛藤であると主張する。すなわち，人は，意味を紡ぎだす乳房の美しさに魅了されるが，同時にその内部は推り知れないというジレンマに直面する。この知ることのできなさ，そして圧倒されるような美という情緒経験に耐えられないとそれを避けるために内部に侵入し，内部の住人としての生き方を選択することになる。こうした侵入性同一化を通じて，人は，「神」の内実を知ったと感じて，「神」も人間であること，すなわち「自分と変わらない存在」であるという唯我論に陥る。さらに，美的価値は貶められ，金銭的「実際的」価値こそすべてであるという世俗主義〔Philistinism：美的，霊的価値の軽視。功利主義的態度をそのひとつの

iii

形態とみなせるだろう〕が心を席巻する。これらは，同時に前性器的欲動による乳房－両親対象への攻撃でもある。この過程を通じて美的対象である乳房－乳首結合対象，すなわち自我理想は，糞便ペニスという迫害的な超自我に変容してしまう。

　サンダース先生は，このようにメルツァーを結節点としてフロイトのリビドー論と構造論，クラインの対象関係論，ビオンの考えることの理論という精神分析の革新的な流れが見事に統合されることを詩的なまでに簡潔に記述している。先に述べたようにこうした理論は，宗教の教義のように盲信されることを求めているものではなく，これらのアイデアに関心を持つ者が自分自身の心の中で何が起こっているか，ありのままを見つめていくことでその妥当性を確かめていくものである。その意味で，これは科学的な理論なのである。換言すれば，それは結局自分自身の精神分析経験において発見していく真実と関わるとも言えよう。

　フロイトは，心のありのままを探っていくこと，すなわち内省を通じて心のトラブルを乗り越えることができることを見出した。クラインは，心の状態は，心の中の「神」との関係が決定的に影響することを発見した。メルツァーは，「神」は真実と美との結節点において立ち現れることをビオンの助けを借りて示した。このように科学と宗教と芸術（すなわち真，善，美）は，精神分析において集結することを本書は示している。それは「神なき神学」とも言える理論を持つ芸術－科学なのである。

　精神分析が芸術や宗教と関わることを前面に出した本書のような主張は，「芸術や宗教？　やっぱりね」と言う「医療関係者」の嘲笑を含んだ反応を生み出すことは必至であろう。彼らは自分たちが「治療」と関わっており，芸術などという贅沢や暇つぶし，宗教などという胡散臭いまがいものとは関わっていないと信じているのだろう。しかしながらビオンの指摘を待つまでもなく，私たちホモ・サピエンスの「猿知恵」は外的現実，物質的現実を把握することに向けて発達してきており，いまだに心という現象を外的物質的現実と十分に区別できず的確に把握できていないのは明白であり，こうした「医療関係者」の声は，私たちの無知の耐えられなさを反映している部分もあるかもしれない。

『ポスト・クライン派の精神分析』と「神なき神学」

　さまざまなアプローチが並存し，競合する現在のメンタルヘルスの世界においては，「効率よく」（すなわち「安く」「早く」）「治る」（すなわち「問題」がなくなること）ことが優先され，本書で示されているような，意味を志向する精神分析のアプローチは間違いなく少数派に留まるであろう。また先に挙げたような想定上の反精神分析の「医療関係者」が本書を読んで「転向」することもないだろう。しかし「医療関係者」の中の好奇心旺盛な少数派，本書で書いてあることが本当かどうか自分の目で見て確かめたいと思う人は，精神分析を受けてみたいと思うかもしれない。

　私自身，明確な理由は今となっては定かではなくなったが，今から20年あまり前にロンドンのタビストック・クリニックに留学し，サンダース先生から個人分析を受けるという僥倖に恵まれた。「僥倖」と真に思うのは今だからであって，当初は，むしろ「胡散臭い分析家」と主に思っていた。サンダース先生との分析は6年間で終了した。しかし，「わかったつもり」の快適な唯我論に陥らず，美への憎しみをこらえ，美の衝撃を保持し続け，「洞窟」の外側に踏み出し，そこに留まろうとすること，すなわち自分自身の中の「医療関係者」との戦いは今も続いている。

　実は，本書は出版直後に入手したのだが通読したことはなかった。通読できなかったのである。私が分析を終了したのは今から15年ほど前であるが，おそらく分析後症候群のようなものに苦しめられ，分析中以上に分析後の分析の仕事には難渋していたことが背景にあったのだと思う。今回翻訳出版されるということで初めて本書を通読することになった。それは不思議な経験であった。本書に書かれてあったことは，ほぼすべて自分自身の分析の中で経験し「すでにわかっている」と思っていたことであるが，まるでベールが剥がれるように何かが剥がれ落ち，その真の美しさに衝撃を受けたのである。サンダース先生との分析のなかで，精神分析の世界では書かれたものと実際の人や実践とは必ずしも一致しないという話題が出たことがある。サンダース先生においては，まさしく書かれたものと人物，そしてその実践が見事に一致している。私自身の心のなかの「神」はそう私に確信させてくれるのである。

　最後に，サンダース先生との15年ぶりの濃密な対話の機会を与えていただいた，監訳者の中川慎一郎先生を始め本書の訳者の先生方に深謝の意を表した

い。そして，本書を日本の多くの読者が手に取り，精神分析という「眠れる森の美女」（'lying dormant, awaiting discovery'の名訳だと思う）を発見されることを願っている。

目次

『ポスト・クライン派の精神分析』と「神なき神学」（平井正三）　i
謝辞　ix
序文（ドナルド・メルツァー）　xi
はじめに　xiii

第1章　プロローグとコンサルテーション　1
第2章　混乱から抜け出す青年　13
第3章　夢――脚本を書くのは誰か？　27
第4章　同一化と心のトイレット機能　43
第5章　人魚とセイレーンたち　59
第6章　結合部分対象――「ペニスを持った女性」から「乳首－と－乳房」へ　75
第7章　乳幼児観察と実践における結合部分対象　89
第8章　エディプス・コンプレックスと取り入れ同一化　99
第9章　精神身体病的疾患と身体精神病的疾患　113
第10章　エピローグ――閉所嗜癖と「永遠の哲学」　125

解説（中川慎一郎）　139
監訳者あとがき　155
参考文献　157
索引　161

謝辞

　この本を上梓できたのは，とりわけセリーナ・マルソーニ・セッラ（Selina Marsoni Sella）のおかげです。彼女は，彼女が1990年に設立したイタリアの研究所——精神分析的精神療法のためのビエレッセ学院（the Scuola Biellese）——に，講義に貢献することを目的に私を招いてくれました。彼女がその仕事に注いだ熱意はセミナーにとって不断の励みとなるものでした。

　年を重ねるうちに入れ替わったセミナーのメンバーのうち，ディスカッションに最も定期的に参加し貢献してくれた人たちの名前を以下に深い感謝を込めて記しました。しかし，彼らは全ての参加者の代表であると言わねばならないでしょう。

　　リディア・ボッゾーロ（Lydia Bozzolo）
　　アントネッラ・グラズィアーノ（Antonella Graziano）
　　セリーナ・マルソーニ・セッラ（Selina Marsoni Sella）
　　カルラ・ペリノッティ（Carla Perinotti）
　　マルコ・ローランド（Marco Rolando）
　　マリオ・サブッコ（Mario Sabucco）
　　ピエラルダ・スタグリアーノ（Pieralda Stagliano）
　　マリレーナ・ヴォッテロ（Marilena Vottero）

　「心に描かれし我が友へ」。この言葉は，私が以前に出版した二つの著書で患者と被分析者たちに感謝の意を表すために選んだ（エルガー[1]と彼の一連の変奏曲「謎」にちなんだ）献辞でした——そして私にはこの本の各章に登場する人々へ贈るに相応しいこれ以上の献辞が思い浮かびません。

　第10章で議論される「永遠の哲学」に私の注意を向けてくれたことではフ

謝辞

ィリップ・サンダースに，原稿を纏める手伝いをしてくれたことではサイモン・サンダースに，そして原稿を編集してくれたことではクラーラ・キングに，感謝しています。

　そして，いつものように私の妻の愛情ある支えと励ましは欠かせないものでした。

訳注
（1）Elgar（1857-1934）。イギリスの作曲家。代表作に『威風堂々（Pomp and Circumstance）』（1902）がある。

序文

ドナルド・メルツァー

　このケネス・サンダース博士による，カーナック・ブックスから出版されたばかりの第三冊目の著書は，集大成化されつつあるポスト・クライン派文献の中に，ウィルフレッド・ビオンによって始められ，ドナルド・メルツァーによって，とりわけバルセロナ，ブエノス・アイレス，ストックホルムにおいて発展し，そしてまた臨床上の仕事と発見に専心し理論的工作には可能な限り手を染めない人々によって引き継がれているジャンルの中に，位置づけられるものです。

　この本の各章には，魅力ある臨床報告が含まれているだけでなく，サンダース博士の解説において，児童，青年，成人のそれぞれに沿った形に拡張されたメタ心理学のアイデアが，領域広く網羅されています。現存する文献の各所にやや雑然と散在するものが巧みに編み合わされて，この精神分析の進展しつつある学派の真の姿を現示する解説となるにいたっています。それは，明解で，正確で，そしてしばしば詩的な高みにまで達しており，それがこの本を読み応え豊かなものにしているのです。

オックスフォード

はじめに

　この本の中の小論は，イタリアのビエッラ（Biella）にある精神分析的精神療法の学院での非公式な講義として始まりました。学生たちは，精神分析の教育課程においてそれぞれ異なる段階にあり，私は一学期の間に一回，公式の講義というよりむしろ，一般的な関心事について「話題を提供する」ために招かれたのでした。

　私は，このことを次のような方法で行うことにしました。すなわち，私の臨床における日々の仕事で今現在問題になっている事柄から主題を選択し，素材を纏めるために夢を用いるというものでした。話はしばしば，フロイトとアブラハムから，クラインを通って，ビオンとメルツァーに至る発展の中の，主題に関連した流れを振り返る短い歴史的な概説から始まり，次に臨床素材が続き，そして質問と討論で結論づけられました。学生たちはそれぞれ異なる段階で［精神分析］体験を学んでいましたので，ある者にとってはよく知られている初歩的なものであっても，他の者にとっては複雑でよくわからない素材を提示することになるという問題が常にありました。このジレンマに対して見出した唯一の確かな解決策は，私が提供する素材が，どのような洗練水準にあろうとも，少なくとも私自身にとって興味のあるものであるという最低条件を守ることでした。

*　*　*

　〈ビエレッセ精神分析的精神療法学院〉は1990年にセリーナ・マルソーニによって設立されました。彼女はロンドンで児童と成人の精神療法の両方のトレーニングを受けました。前者はタビストック・クリニックで，後者は英国精神療法協会においてです。ロンドンで何年もの実践と研究を積んだ後に，彼女は

はじめに

イタリアに帰国し，そしてピエモンテ（Piedmont）の彼女の出身町であるビエッラに戻りました。そこで，彼女は臨床に加えて5年の間，精神分析に関心のある小集団の学生たちに教えました。そして，ドナルド・メルツァーの励ましもあってビエッラに〈学院〉を設立することで，自身の活動を確立して広める決心をしたのです。教育課程はロンドンのタビストック・クリニックの児童精神療法コースをモデルとしています。乳幼児観察のセミナーと実地経験に関する観察コース，成人と児童の精神分析的精神療法のスーパービジョンを含む臨床コースです。理論についての講義は両方のグループに対して行われますし，彼らはいずれのグループのセミナーでも集まります。ビエッラでの講義における精神分析のオリエンテーションは「ポスト・クライン派」です。

* * *

「ポスト・クライン派」とは，発生的，力動的，経済的，そして構造的観点というフロイトのメタ心理学に，クライン，ビオン，そしてメルツァーの地理的，認識論的，そして審美的概念を追加した心のモデルを意味します。この改訂されたメタ心理学は投影同一化というクラインの概念から発生し，「同一性の混乱」と「思考障害」という用語の意味を豊かなものにしました。

この〈学院〉の学生たちに向けて推薦する文献は，これらの著者たちの仕事に基づいていますが，その他は学生個人の興味と「知識欲」が決めるものでしょう。その目的は純理論的なものではなく，理論が成長しつつある方向を指し示すことにあります。それぞれの講義の結論における非公式の討論は，質疑応答形式で再録されています。テープに記録されていたのはほんの一部でしたので，これらに私は，残りの部分から，役立ちそうな部分や「想像力によって再構成された」部分を付け加えました。

第1章は，この本で取り扱う事柄の概説としてのプロローグと，あるコンサルテーションの解説と討論を組み合わせています。精神分析過程とは混乱を明確化する過程だからです。そのコンサルテーションは，この過程を間違いなく示していました。それ以上の作業につながる道は閉ざされていましたが。第2章は，もっと先行き明るい楽観的な出会いについての報告と討論です。第3章

では，夢の重要性が各講義の共通テーマであることが強調されています。第4章は，カタルシスという概念と投影同一化との間のつながりについての入門的な概説です。第5章は，同一性の問題とその地理的混乱との関連性に戻ります。繰り返されるテーマは，「結合部分対象」です。元々エディプス葛藤は，フロイトによって発達の性器水準で記述されていたのですが，リビドーの前性器的組織化へと関心が移るにしたがって，部分対象と結合対象の概念が表面化しました。第6章は，「結合部分対象」の登場についての歴史的な概説であり，第7章は，この問題をある被分析者の中でさらに探求したもので，彼女はしばしばセッションを，自分の赤ん坊の振る舞いや反応の観察から始めました。第8章は，取り入れ同一化と投影同一化のいくつかの側面についての臨床提示です。第9章は，精神身体病〔心身症〕的な障害[1]〔その問題の本質が情緒領域に潜む思考障害にあることを強調するために，ビオンによって反転させられた身体精神病的障害として論じられる〕の理解に対するビオンの寄与を探求しています。最後に，第10章は，時代を超えた「知恵の文学（wisdom literature）」と「家族的類似性（family resemblance）」を持つポスト・クライン派メタ心理学の側面を探求しています。

訳注
（1）本書では，心身症を9章との関連から，精神身体病〔心身症〕的として示しました。その意味と理解については，9章を参照。

第1章

プロローグとコンサルテーション

> 「これが私の観点におけるポスト・クライン派心理学の核心である。フロイトの4つの説明カテゴリー――力動的，発生的，構造的そして経済的――に対して，精神機能の地理的そして認識論的側面の研究が，詳細を極めながら，付け加えられている。審美的な側面が，最終的に，7番目のカテゴリーとして追加されるに十分なほど明確に他のカテゴリーから区別されるようになるかは，今後，検討の余地が残されている」
> ドナルド・メルツァー『閉所（*The Claustrum*）』1992, p. 50

　精神分析は歴史的なアプローチに適したものですが，それは幼児性欲，転移，喪とメランコリーに結びついた同一化の過程，といった畏敬すべき発見の進展を辿ることでもあります。そこには，天才たちが，次世代の者たちによってさらに明瞭にされる問題に格闘するさまを目の当たりにする，というドラマもあります。

　フロイト（1925d［1924］, p. 19）は自伝の中で，彼の同僚であるブロイアーが彼に対して，ヒステリー性の諸症状――「うつ病性の［同一性の］混乱」を含むものでもあったのですが――の原因と意義を深く洞察することを可能とした「特殊な方法」について，どのように語ったかを記述しています。その特殊な方法とは，アンナO――ある20歳の女性ですが――に，催眠をかけた状態で，彼女が父親の病床で抑えこんでしまった考えを話すように求めることでした。

　フロイトは，ブロイアーの報告の中に性的な要素が欠如していたことに困惑させられたのでしたが，ついに，彼はそれこそが，なぜブロイアーが［アンナOの治療の］最終段階について口を閉ざしていたのか，その理由であると理解したのでした。カタルシスの作業が完了した後，その女性は突如として転移性恋愛の状態を発展させていました。彼はこのことを彼女の疾病と結びつけることができずに，そしてそれゆえに狼狽して［治療から］退いていたのでした。

第 1 章

　フロイトは，想起を助けるものとしては催眠よりも自由連想法が適していることを発見し，そして心の中には本能の力と，自我から発するそれに対する抵抗力との間の「力動的な」葛藤があって，その結果として無意識の中に抑圧されるのだと提唱しました。その対立する力の相対的な強度が「経済的な」要素でした。治療の課題とは諸々の抑圧を暴いて，そしてそれらが判断という行為で置き換えられるようにすることでした。

　「私はこの新しい事態の認識を明らかにすべく，私の探求と治療の方法を，もはや「カタルシス」ではなく，「精神分析」と呼ぶことにした」（フロイト，1925d［1924］, p. 30）。こうして夢解釈が，自由連想という新たな手法の，そして転移性恋愛を探求するときの核となりました。

　もう二つの理論的もしくはメタ心理学的な次元がフロイトによって名付けられました。「発生的」——つまり，乳幼児期と乳幼児性欲の発達との関係性，そして「構造的」——自我，超自我，そしてイドという異なった部分の複合体としての心のモデルです。エディプス・コンプレックスの解消は，超自我，もしくは自我理想と名付けられる，両親［由来］の「自我の中の沈殿物」へと導きました。同一化の過程であるこの発見は，極めて重要なステップであり，喪とうつ病とを結びつけるものです。それは投影同一化の概念が発展するための苗床となったのです。

　エディプス・コンプレックスは性器的な起源を持っていましたが，口と肛門領域そして前性器性欲の重要性が，次の20年間にわたって徐々に発見されたことで，男女，子どもたちの母親との親密さと乳幼児期の排泄や摂食の影響が強調されました。1920年代と1930年代に——その頃メラニー・クラインは彼女の『児童の精神分析』（1932）の経験を初めて報告したのですが——彼女は，前性器的なエディプス葛藤は母親の体の内側に侵入するという空想を含んでおり，そのために同一性の混乱の問題が前景化することを示しました。この「躁的防衛」の動機は抑うつ不安からの解放を見出したいという願望なのですが，しかし，結果は迫害不安による置き換えになるのです。

　彼女が「投影同一化」（1946）と名付けたこのメカニズムによる役割を強調したことから，〔フロイト版を〕改訂した心の構造モデルが導き出されました。それは，両親と子どもたちからなる内的家族というものであり，その中にあって

は内的な現実が第一義的なもの──外的現実に関する知識の限界というプラトン的な見解⁽¹⁾──です。

彼女の弟子たちはさらに精神疾患の混乱の側面を探求しましたが，メルツァーは『精神分析過程』（1967）において，内的，外的現実両方の中で「地理的」混乱が継時的に減じていくことを描き出しました。25年後には，『閉所』（1992）において精神装置の地理的次元が，外的世界，子宮，外的対象の内側，内的対象の内側，内的世界，そして妄想体系──地理的に言えば「どこでもないところ（nowhere）」──として位置付けられました。

一方ビオン（1962）は投影同一化の概念の中に，思考の起源とその発達の理論に至る探求の道を見出しました。この精神分析的認識論概念は，エディプス葛藤に，考えることそのものの過程に対するアンビバレンスの記述を付け加えました。ビオンは心／乳房としての両親対象を記述しましたが，それは，原初的な思考が複雑なものになっていくことを可能にする装置です。一方，乳幼児自身の心における負の力は，象徴的な思考を妨害することによって，内的および外的現実双方についての真実の追求に対抗します。マインドレス（心が思慮を欠いている状態），精神病状態，精神身体病〔心身症〕的状態とは，こうした干渉や非理性と反-理性の発生を意味しているのです。

メルツァーによる「審美的」なものという7番目のカテゴリーの提案は，「美への憂慮（apprehension of beauty）⁽²⁾」によって触発されて搔き乱される情動を経験し，表現し，そして記録したいという願望に関連しています（Meltzer & Harris Williams, 1988）。審美的カテゴリーには，フロイト以降，心のモデルの中に美の持つ特異な重要性を含めようとする，精神分析が試みてきた歴史があります。昇華というフロイトの概念には，芸術的創造性は，本能を性的な目標から逸らそうとするための罪責感ニードによって生じるという意味が含まれていますが，一方クラインの妄想・分裂ポジション──抑うつポジションと葛藤状態にある──という概念では，生と死の本能の戦いにおいて創造性がおこなう償いの側面が強調されます。しかし本能の昇華という概念は，今日，個人の責任感の減弱に伴う，心の営みの負の，冷淡な，実利主義的性質を含んでいるとみなされ得ます。メルツァーは，乳幼児と母親との審美的互恵関係（aesthetic reciprocity）の観察から得られたものと，ビオンによる，愛と憎しみとい

第 1 章

う情念に知への情念を加えるという考えの両者を結合させたものを強調しました。つまり，〔ビオンが考えた〕「LHK」という豊饒な結合は，その負性の「－LHK」と葛藤状況にあるものですが，メルツァーはメラニー・クラインとは違い，抑うつ的な経験が妄想・分裂的な態勢に先行すると考えたのです。すなわち，母親が目の前に現れる誕生のその時，つまり乳児が「一目惚れ」を経験する時に抑うつ的な経験が生じる，と提案したのでした――

> これは審美的葛藤である。それは，諸感覚で捉えられる「美しい」母親の外部と，創造的な想像力によって解釈されねばならないその謎めいた内部，という審美的な衝撃の観点から見ることで，最も正確に述べられ得る。
> （Meltzer & Harris Williams, 1988, p. 22）

この審美的な対象に関する真理――そして，それ故その価値――に到達することへの不安は，心それ自体とその内的，外的世界を理解しようとする情熱をもって心というものを把握しようとする，芸術，科学，神学，そして哲学の努力との間に，「家族的類似性（family resemblance）」（Wittgenstein）を作りだします。しかし真実には，美同様，目を眩ます性質があり，そして－LHK が常時，知覚を麻痺させようとぐすねをひいて待ち構えています。つまり，内的そして外的な自己愛的組織化です。そして必然的に，精神分析家としての芸術家－科学者は，彼が取り組んでいる問題はすでに，世界中の詩人と芸術家たちによって検討に付されていることに気づくのです。例えば，ウィリアム・ブレイクのある手紙にはこんな一節があります――

> そして私は，この世界が想像力と幻視（ビジョン）の世界であることを知っている。私はこの世界の中に私が描くすべての物事を見るが，誰しもが同じように見るとは限らない。守銭奴の目にとっては太陽よりも金貨の方がずっと美しいし，貨幣で使い古された財布の方が葡萄の実がたわわに実った葡萄の木よりももっと美しく均斉が取れている。樹木によって歓喜の涙を誘われる人もいれば，樹木は道に立ちはだかる単なる緑色のものとしてしかその眼には入らない者たちもいる。

その「道に立ちはだかる樹木」を，私は父親を巡るエディプス葛藤の表現と見なします！　疑いようもなく，これらの神秘の衝撃は精神分析室での経験を表わし，記録したいという願望の一因をなすものですし，そして原因——精神分析を求める動機——は異なっていても，同一性の混乱は偏在しているのです。混乱が急激である時，上記のメタ心理学的なカテゴリーを，散乱した思考の躁的混乱の中に見ることができます。自己が心の中の病気の性質について洞察することが主要な達成であり，そのためには適切な設定の中で問題について作業することに患者が合意することが必要です。

以下に緊急事態として混乱を表した，あるひとりの若い男性のコンサルテーションを記述します——

＊　＊　＊

外国から娘サラのところに遊びに来ていたある女性は，娘のフィアンセの不安と混乱の有り様を知って悩んでいました。彼女は二人に，彼のパニック発作と，仕事——彼はそれに芸術的な才能を発揮していましたが——を続けることができなくなっていることについて，誰かに援助を求めるよう勧めました。

＊　＊　＊

「A氏」は彼のフィアンセに伴われて相談にやってきました——

彼は背が高く痩せていて，ジーンズとシャツという出で立ちです。彼は不安げに微笑み，それから勝手に喋ります。しだいに弾みがついて行き，私が少しのコメントをはさむのも我慢なりません。それは始まったんです，と彼は話し始めました，19歳だった4年前のことです。その時，大学に通うために実家を出ていました——大学の心理士にかかりました。突然の抑うつと頭痛が始まり，それから学業ができなくなりました。そうした発作があるとベッドに寝込んでしまいます。それは論理じゃないんです——僕の父親は論理的です，公務員なんです。僕の仕事は下絵描き〔アニメーションのコマ絵描きの仕事〕です——サラ

第1章

は同じ仕事をしています，僕らは大学で出会いました．発作は恐ろしいものです，僕は完全主義で，強迫的なところがあるのですが，しかし抑うつとは違います．それはどこでもないところ（nowhere）からやってくるんです（どこからやってくると言えるようなものではないのです）．僕は一般診療医にかかっていましたが，彼女〔その一般開業医〕は気に留めませんでした．僕はお金のことで悩んでいるんです，給料はあまり良くはありません──1フィート〔約30センチ〕いくらで（by the foot）支払われます──彼は私にニヤッと笑って，自分の足（foot）を指します──もしアメリカに行けば，給料はもっと良いでしょう──僕の最後の仕事は1フィートたったの20ポンド〔2000円ちょっと〕でした，喧嘩をして，僕は退職しなければなりませんでした．でもそんなことで来たのではなく，うつ病のことなんです，それはおよそ1週間そこら続き，それから消え去っていくんです──それは論理じゃないんです．僕の母は，それは潜在意識だと言います──彼は話を止めて私に嘲笑の笑みを向けます──あなたが母の同類じゃないといいですがね──彼女は僕を，セラピスト，カラー・セラピスト（a colour therapist）である彼女の友人に診てもらおうとして差し向けたんです，いろんな色のことを思い浮かべるんです──それで，黄色，緑色とかの色が何を意味するかといったことなんです──僕はそのセラピストに話をしに行ったんです，でも……僕は強迫観念にとり憑かれていて──たとえば，僕は，賃貸のフラット〔同一の階の数室を一戸としたアパート，日本でいうマンション〕に住むのは高いと思う，それは完璧じゃない，僕の父は僕たちにアパートを買ってくれようとしているんです，父は僕たちの家のローンを組んでくれたんです，しかしそうなると，もし僕たちがサンフランシスコに行けば，問題が生じてしまうんです──でも，僕たちはそれを人に貸すことができます．僕は環境汚染のことが心配です，道を歩くとき僕は環境汚染の不安を感じるんです，しかしそうしたことじゃないんです──うつ病の発作なのです．僕は，今現在働いていないけど，サラもです，彼女もうつ病になっているんです，彼女は嘆き悲しんでいる，彼女の父親は5年前に死んだのです──僕は仕事についてこう言っていました，あまり動きのないアニメならば，絵を描ければ，誰にでもできる簡単な仕事ですと──それは毎秒60コマです，人物は座っているか頭をほんの少し動かすだけ，こんなふうに（彼は頭を少し動かします），それから動きの多い，た

くさんのデッサンが必要な仕事があるんです——こんなの公平じゃないと思いますよね，それには1フィート当たり200ポンドが支払われるのです——しかし，僕はそれは多すぎる額だと思ったんです，それにはそんな価値はないし，そして僕はうつ病になって家に帰って寝込まなければならなかったのです……。

　A氏はほぼ1時間もの間中断することなく話し続けていました。私は，私たちが結論を出さなければならないことを伝えます。しかし，彼は話し続けたがります。私は話を遮って彼の家族について尋ねます——姉が一人います，姉の成績は大学ではあまり良くありませんでした，彼女は沢山のパーティーに出かけるんです——私は再度彼の話を遮ってサラについて尋ねます——サラは2カ月前に妊娠したと思いました，僕たちは二人とも仰天しました，けれど彼女は仰天なんかしていなかったんです——彼女は僕より4歳年上の28歳，だから彼女はあまり長くは待てないんです……。

　私は介入します。「ところで，私たちは結論を出さなければなりません」——「困るなあ，続けることはできないんですか？　こうした完全主義，どう説明したらよいのやら，それにうつ病……」

　私は遮って，止めなければならないと言います，というのも実際のところ私は，彼の母親のように，無意識というものに関心があるのですが，しかし，彼の母親のようなやり方ではありません。彼は精神分析のことについて聞いたことがあるだろうか？　彼は微笑み，あいまいな表情です。私は，彼に私たちの出会いが彼の心に与えた影響がどんなものか分かるまで何日か間をあけ，そして，それから私に会いに戻ってくることを勧めます。彼は怪訝そうな笑みを浮かべ，嫌々ながら立ち去ります。

　サラは外で待ち続けています。彼女が相談室に入ってきます——あなたへの支払いはどのくらいになるのでしょうか？　A氏は立ち去りたくないようです。私は彼女に，精神分析について知っているか尋ねます。彼女が言うには，自分も彼も何かしら学校で学んだことは覚えているし，家には本が一冊あるはずだとのことです。私は，この相談について話し合って，もし彼らに関心があればまた来るように勧めます。私は彼らが望むのなら他の専門家を紹介しましょうと伝えます。彼らは混乱し微笑みながら，去りました。しかし，その後何の音沙汰もありません。

第 1 章

＊　＊　＊

　振り返ってみると，彼の心の中にはよく知られている精神分析のテーマが存在していると気づくことができます。不安と強迫状態は明白です，躁的な要素同様に。心気症，精神病性不安，そして地理的混乱が，環境汚染についての心配の中に明瞭に存在します――自己の一部がスプリット・オフされ内的な母親の内的な空間の中に投影されていて，おそらくそれは母親の直腸であり，そして，彼はその侵入に対しての報復を恐れています。仕事能力のなさは，彼の心における内的な家族の損傷，そして，それに引き続く考える能力のなさと等価なものとして理解できます。――ベッドに戻ることは，母親の両腕の中という安らぎの希求，ないしは，彼女の内側への侵入です。内的な現実，フロイト的な考え方と思われるものへの彼の気づきは，言葉にされてもすぐに，嘲られそして否認されてしまいます。

　ビオンは精神生活を象徴的，非－象徴的，そして反－象徴的に分類しました。乳幼児における情緒生活の経験は，原始的な思考を作り出しますが，それは，母親が提供してくれる母性的な夢想(3)によって考えてもらうことなしには，意味を持たないものです。これが象徴形成のプロセスを始動させます。この処理を受けない原始的思考は，非－象徴のままに留まります。それはマインドレスもしくは非理性として記述できますし，心から排泄されることを要求します。加えて，象徴的な思考を形成することは，反－象徴的な力によって活発に攻撃されます。その結果が幻覚や他の精神病の現れなのです。

　精神分析の作業の中で，分析家の心／乳房が，母親の夢想がするように，排泄された意味を持たない思考を心から取り除き，原始的な思考をコンテインして象徴的な形態に修正する，その結果として，思慮が混乱に取って代わりうるのです。しかし，この若い男性は，彼自身が作り出した脅威的な世界に棲みついており，もっと良いものが他者の心の中，おそらくは彼のフィアンセの中にさえ存在していることを理解するのが困難なのです。

討論

Q：この若い男性はこれからいったいどうなるとあなたは考えますか？　彼は一般開業医から助けを求めようとしましたが，不成功に終わっており，そして心理的な援助の勧めも受け取らなかったということは，驚きではないでしょうか？

Q：私はそれを驚き以上に悲しいことだと思います。二人の若者は，4年間も一緒にいて，そして自分たちをカップルであると感じています。しかし，彼らの将来は，彼が心理的な援助を受け入れることができなければ，望みがないように思えます。

Q：最終診断は精神病かもしれない，つまり彼が統合失調症を発症してしまうかもしれないとあなたは考えますか？

A：私は，そうしたことを知ることが可能であるとは思いませんが，調べる手段は同じです――精神分析の設定を提供して，患者がそれを使うことができるかどうかを見出すことです。もし患者が「それに取り組むこと」がないならば，その場合には彼は他の方法で助けを見出すことを試みることになるでしょう。たとえば，精神医学的そして社会的援助です。精神医学的によく知られている精神疾患の診断分類は，外に現れた行動の記述を参照して行われます。いったんそれ〔外的行動への参照〕を放棄すれば，内的現実の否認，分裂機制と侵入性投影同一化，不安と強迫の神経症的な状態などのすべてが，アンビバレンスに起因する抑うつ的な痛みの体験に対抗して心の中に配備されていることが分かります。

　もし，彼が精神分析を始めれば，病気であるという認識が彼のパーソナリティの健康な部分にとって重要な意味を持ち始めるという，とても緩徐なプロセスが始まるでしょう。ドナルド・メルツァーは，スプリッティングと侵入同一化によって引き起こされる混乱の結末を，「前形成転移」として記述しています。換言すれば，そのような被分析者たちは長い期間，分析家が彼ら自身と同じ世界に住み，同じ世界観を持っていると決め込んでいるのです。「と同じ」という言い回しは多くの文脈の中で頻繁に繰り返されます。真の乳幼児的依存的転移では，分析家が迫害不安よりも抑うつ不安の世界の中に住んでいると，患者自身が認識するのを待たねばなりません（Meltzer, 1967,

第1章

1986)。

Q：表面的にはどのような明瞭なエディプス葛藤も存在するようには見えません。

A：真のエディプス葛藤というのは，自己が内的な母親の体の外側にあって，そしてカップルに対してアンビバレンスを経験する時にのみ，現れるのです。空想が内側に住んでいるものである場合，これは起こりません。そうしたケースの場合には，母親の開口部の番人としての内的な父親はすでに迂回されています。空想が外側に住んでいるものである時に恐れられる報復は，フロイトによって「去勢不安」という性器的用語で記述されました。攻撃的な前性器性——口唇・口腔性および肛門性ですが——の世界においては，恐れられている報復もまたそれに相当した口唇・口腔的，肛門的なものです。つまり，おそらくは噛み付くような批判，ないし，汚染された（直腸の）大気による迫害，そして，無価値なものとして排泄されるものです。

　クラインの用語法では，アンビバレンスは，カップルとしての母親と父親に対してのものです。ビオンの用語では，心そのものと思慮深くある能力に対するアンビバレンスであり，そしてビオンは，精神病的な人における最初の有望な兆候とは，彼が精神的に病んでいると認識することであると，印象深く述べました。

　こうした精神分析的な観念が，プラトンの『国家』の中の，混乱と錯覚から思慮深くあることと知恵への心の発達を描いた洞窟の有名な直喩と際立った類似性を持つことに気づくのは有益なことです。洞窟の中に閉じ込められ，目の前の壁に映画のスクリーンのように映し出された影を見て，それを現実と思い違いしている，太陽の光と外側の世界に気づかない人々についての生き生きとした描写は，そこ以外の世界についての知らせをもたらすために洞窟に戻ってきた，より啓蒙された人物を迎え撃つ懐疑主義をも描き出しています。これは明らかにさらなる神学的な読解へと誘います。そして人は，実は精神分析というものが，心の神秘やそれが世界について生み出す考えを理解しようとすることに関連した，神学的な読解と近縁の試みのひとつなのだと気づき始めるのです。

訳注
（1）プラトンによれば，人の魂は人の誕生以前から存在し，現実の実相（イデア）を生得的な知識として有しているが，人は誕生の際にその記憶を忘却してしまうので，人の魂がその記憶を想起しない限りは，現実の実相（イデア）は認識できない，それゆえ，人の魂による現実の生得的で内的な認識を欠いた，五感に基づいた外的現実に関する知識は憶見であり，限界があるという見解。
（2）apprehension of the beauty は，「美の享受」や「美の理解」や「美の感知」と訳されることが多い語だが，本書では，そこにおける抑うつが重視されていること，また apprehension という語が知覚と不安の両者を意味することが重視されていることから（9章を参照），「美への憂慮」と訳した。
（3）reverie は，ビオンが提示した乳児と母親の心をモデルにした，精神分析家の心的態度を指す言葉である。「もの想い」とも訳されるが，サンダースが，メルツァー同様，夢を重視することから，本書では，夢想と訳した。

第2章

混乱から抜け出す青年

　第1章で描かれた，精神分析的援助がどのようなものであるかを思い描き得なかった混乱した若者の苦境とは対照的に，今回の混乱した16歳の状況は，精神分析が進行するのを許すものでした。

　私が一般診療の設定で初めて「ジム」に出会ったのは，彼が5歳の時でした。彼の両親のそのときの心配は，夜尿症に関するものでしたが，両親は私に，彼が総じて気難しく，テレビの前でマスターベーションをしたり，時々肛門に指を入れたまま眠っているとも話しました。星取り表──星はおねしょをしなかった夜のためのごほうびです──が提案されたとき，彼は「何に使うの？　おねしょはなくならないよ」と返答しました。

　ジムは，母親がまだ赤ん坊に母乳をあげていたにもかかわらず，彼の二人の弟妹と一緒にいてもとてもお利口で，全く嫉妬する素振りを見せなかったことが私に語られました。彼は，物怖じしない激しやすい少年であり，頬はピエロのように赤く，私が母親と話している間，部屋をうろつきまわりました。途中で，彼は，ひょうきんに唸ったりしました。彼の母親は，テレビ漫画にでてくる探偵犬の真似であると説明しました。短い会話の終わりに私は，悪い子であるジムと良い子であるジムとが彼の心の中で闘っていることが問題です，と説

第2章

明しました。つまり彼がマスターベーションを楽しんでいるのと同様に，彼が眠っておねしょするのを楽しんでいる時は，悪いジムが勝っています。しかし，良い子のジムは，困った事態になることや母親に余計な手間をかけることを心配しています。そのため，この問題の捜査においても「探偵の助手」として私と共に快く働いてくれるかもしれませんでした。ジムはそれを注意深く聴いていたかと思うとすぐに，僕は眠っている間片目を開けたままにしているよ，と冗談を言い，ひょうきんに片目を細めたり閉じたりしました。彼は，自分の性器とお尻を指さして，そこから出てくる悪い食べ物について話しました。

私たちは週に１回会うことにしました。また，ジムはいくつかの絵を持ってくることになっていました。次の回，それまでいつも彼のそばに座っていた母親は，彼が絵を持っていくことを楽しみにしていたと報告しました。そして母親がマスターベーションについて彼に話した時，当初は彼女を馬鹿にしていましたが，やがて彼はそれほどあからさまに馬鹿にしなくなったとのことでした。

図2.1は，そのジムの描いた絵の再現です。そこには北米先住民の小屋が２つあり，その２つの小屋は，ジムの名前が書かれた橋で互いにつながっているように見えます。その下には，ひとつの卵形の物体があります。彼はその物体は，橋を昇降させる動力を与えるアシカであると言いました。橋は，男性用の区域と女性用の区域に分けられていました。小屋の土台のところにあるいたずら描きはクジラとサメの歯でした。私は，橋の上の複数の顔は赤ちゃんの顔ではないかと示唆しました。また私は，ペニスはおねしょをするためにも赤ん坊を作るためにも使われる，と話しました。

それが，性交の大写しであれ，乳房や乳首のような小屋であれ，何を表現するものであるとしても，私がそれを吟味しているところを彼が見ていた時や，私がそれについてひとつふたつの質問をした時，彼は絵の上によだれをたらし，それを穴があくまで指でこすりました。それは彼の思慮深い部分と彼の考えることを攻撃する別の部分との間の葛藤を生き生きと実演していました。このようにして，彼と私の対話の基礎が確立されました。そこには助けてもらいたくて絵を持ってくる「良いジム」と，怯えたり腹を立てたり，絵を台無しにしたかったりする「悪いジム」とがいました。

私は，心配そうに彼の母親が見守る中で，週に１回の間隔で20回程ジムに

穴　　　　　　　　　図2.1

会いました。彼は絵を持ってき続けましたが、はっきりとした改善はあらわれませんでした。そこで両親は、夜尿症の警報装置をつけてみることにしました。それはベルにつながっているワイヤーが付いたゴム製のベッド用シーツです。尿がワイヤーに触れると回路が閉じて、ベルが鳴る仕組みです。理論的には、この装置はおもらしが起きる前に子どもを起こし、トイレに行く事を条件付けることになっています（もっとも現実にはそのベルが、腹にすえかねた親を目覚めさせ、一方で子どもは眠り続けることになることは、私の知るところでした）。両親は徐々に改善してきたことを報告しました。こうした週1回のセッションは6カ月の間続きましたが、明らかな変化は何もありませんでした。しかし後に起きた出来事が、これらのセッションの意義がなかったわけではないことを示すことになりました。

　それから10年のあいだ私は、時々ジムに関する報告を父親から聞きました。

第 2 章

おねしょはなくなり，学校でも将来性を見せつつありました。しかし，自分以外の誰かが彼の寝室を掃除するのを拒否するために，家では喧嘩が絶えませんでした。

　その後，危機的なことが起こりました。彼の父親が電話をかけてきて，ジムがかみそりで少量の血が流れるほど上腹部を切り，助けを求めてきたと話しました。以前にも，これほどのものではありませんでしたが同様のエピソードがありました。今回は学校の試験の直前でした。ジムは，学校のある女の子のことを心配していると言いました。さらに数日後，家出しました。父親は，道端のベンチの上に横たわり，とても混乱している彼を近所で見つけました。

　ジムは私にもう一度会うことに同意しました。彼は抑うつ感情や自殺衝動，また助けを求めることへの抵抗感についてゆっくりと話しました。彼が女の子にあまりに激しく恋をしたため，彼女は怖くなり，彼を避けるようになりました。その後彼は，怖がらせたいとは思っていないことを説明するために彼女を追いかけねばならないと感じましたが，案の定このことはさらに彼女を怖がらせました。

　ジムは，正気が失われてしまうと感じました。当初，その問題を探求することを彼は嫌がったので，寝室の秘密を守ろうとする防衛についてや，彼の罪を暴露する隠された汚れた下着についてが話題にされました。彼は今や，10年前に私たちがやめてしまったところからの続きをやりたがっていました。彼は良いジムと悪いジムという問題の公式を思い出し，週に3回のセッションをおこなうことを決めました。そこでは夢分析が関心の的になっていきました。やがて彼は学業を再開しました。

　ジムは，自傷するようになったのは，陰毛が生えることに気づいた時からだったと言いました。彼は，体毛が嫌いで，ひそかに剃り落としていました。彼は，概して皮膚については自意識過剰で，彼の背中と首のしみを隠すためならどんな努力も惜しみませんでした。身体の成長や性に対する不安が，彼が秘密を守ろうと決めたことの背後にありました。また，このことは転移の強力な因子でした。

　ガールフレンドを傷つけたのではないかという彼の不安——実際のところ，それは彼自身を含めた他のすべての人を怖がらせたのと同じように，彼女を怖

がらせてしまったのではないかという彼の混乱した心があったにすぎなかったのですが——は，彼の妹や彼女の心の健康について心配することにその起源を持っていました。私は彼に，私たちが最初に会った時，妹が母親の乳房を吸っていたことを思い出させました。この問題が話し合われ，探究されることで，彼は解放されました。両親の業績や幅広い興味関心，つまり彼の父親の知識や現実的な技能，母親の美しさや優雅さについて，彼は心から素晴らしいと感じていました。このことは，転移の中で作業をする関係を築く助けとなりました。

　幼少期のある出来事がジムの心には残っていました。少年だった頃，彼は仮装して演じて見せることが好きでした。いつも両親の友人たちは彼の道化を見て笑いました。しかしある時，彼が母親のハイヒールとハンドバッグを身に着けて気取って歩いて見せた際，一人の女性教師が両親に彼を助長させないようにと注意しました。

　2年半後には，大学の入学試験の結果が待ち構えていました。そのため，ジムは，私たちの作業の継続のことや家から離れることを心配しました。真実かどうかは分かりませんが，この大学は同性愛で悪名を馳せていました。彼は夢を報告しました——

「僕は，小さな白いホテルの部屋（そうです，ちょうどこの面接室のような部屋です）にいました。僕が部屋の外に出てみると，そこは塔の屋根でした。柵はあったのですが，僕は転落しやしないかと怯えました。僕は部屋の中の両親の元へ引き返し，『そうだ，ここは大学だ』と言いました。僕は自分がどこにいるか悟ったのでした。僕は自分でオムレツを料理することになっていました。両親は，材料は彼らが揃えると言いました。僕は，『よかった，僕は支払わなくていいんだ』と考えました」

　その後彼は，大学から入寮を許されたことにふれました。夢の部屋は，日本人ビジネスマンに好まれるタイプのホテルであることを彼に思い出させました。独房のような部屋には，テレビやシャワーやワイシャツをきれいにする設備が完備されていて，仕事で遅くなったときにでも家に帰る代わりになる便利な場所です。彼は休日に両親とホテルの部屋にいたことを思い出しました。そのと

第2章

き彼は，部屋の冷蔵庫の中にあったポテトチップスとナッツを全部食べてしまい，母親からそれは別料金であると聞いて心が痛みました。母親の友達の一人が，彼が大学に入学できたことを祝ってくれた時，彼女は彼の部屋は毎日掃除してもらえるはずよと付け加えました。彼の部屋のプライバシーの問題——精液で汚れた自分の下着やパジャマをタンスに隠して彼自身で洗濯している問題——はなくなってはいませんでした。私は，以前彼が学校に通うことを心配していたことを思い出し，分析をさらに進めること——より高い教育——が不安を再度生み出すであろうことを私たちは共に知らされているのだと言いました。

私は，彼自身を「赤ちゃんのためのホテル」である母親の身体についての不安を持った乳幼児として考えてみる可能性を彼と話し合いました。また，ホテルの内側と外側，排泄や授乳の機能といった地理的配置，コンテインされずに転落してしまうのではないかということや情緒的な負担についての不安，良い対象から疎外されることへの恐れ，「悪いジム」の貪欲さへの嫌悪，赤ん坊の妹が苦しむかもしれないという心配，についても話し合いました。

彼は，大人から汚れた下着を見られないようにするという強迫観念のために大学に行くことを彼が拒否するのは馬鹿げていることには同意しました。彼は，バーベキューパーティーに誘われても「行きたくない」と言うことができずに，ばつの悪さを饒舌で覆い隠してしまう，ある友人について言及しました。彼は彼の弟を屋根の上へ呼び出し，弟が高所恐怖症であることを知っていたので弟をからかい，彼自身は怖がってなんかいないふりをする夢の話を付け加えました。ここでは，分析家も含む大人の世界への彼の恐れは秘密にされていました。その大人の世界は，見せかけだけのもので，真実ではありませんでしたし，大人の世界の優越性は，質の違いとしてではなく，むしろ「地位を利用して命令を押し付けること」を基に作られたものでした。

取り扱われたテーマの多くが，今やよく知られたものとなり，夢の中でほのめかされるようになりました。分離不安，母親の体の内部から彼を救出・分娩させよう（deliver）としたがる父親に対するエディプス的反抗心，さらなる責任を負うように求められることへの恐れ，年下の赤ん坊たちによって締め出されるのではないかという恐れ，貪欲さや臆病さを嘲笑されるという問題，といったテーマです。「お母さんは，僕が自分で離乳したって言いました」と，彼

は面接室から出ていく直前に思い出しました。一週間後，彼は，ふさふさしていた巻き毛を短く切ってやって来ました。より大人びて見えましたし，彼があれほどまで気にしていた首のまわりのにきびやしみは，あらわになっていました。

彼は次のような夢を報告しました——

「有名なバレエダンサーが，学校で行われる劇に出演する予定でした，それはヌレエフ(1)かおそらくニジンスキー(2)でした。僕は，舞台裏での手伝いを志願し，自分が高い所にある空中ブランコにしがみついていることに気がつきました。そのとき僕は，自分がつるっと滑ったように感じました，それはまるで，2つのブランコを巧みに操ろうとして，上下逆さまに宙づりになったようでした。ヌレエフもしくはニジンスキーが学校のホールを通り抜けようとすると，みんなが群がってきました。彼はまるでポップスターのようでした。僕は彼の気を引きたくて，彼の肩を軽く叩き，『ヌレエフさん……』と言います。しかし，僕は自分がびくびくしているのを感じました。そのとき彼が僕のそばで立ち止まりました。僕は彼に，僕の抱えている重大な問題について助けを求めました。彼は，彼が戻ってくる間に目を通しておくようにと，千ページもある，箱のような，大きな本を私にくれました。そのとき私は，へその付近に小さなおでき——おそらくは癌である——を見つけました」

ジムは，熱心に夢を分析する「ゲーム」をやりました。彼はバレエについて思った時，優雅な彼の母親が若いころダンサーだったことについて考えました。マーゴット・フォンテン(3)が死んだ時，彼の母親は取り乱したのでした。彼女が晩年とても貧しかったのはおかしなことではなかったのでしょうか？　一方ヌレエフは，母親の話によると「金のためにハリウッドに身売りした」とのことでした。私たちは，私たちの作業を継続する必要性についての彼の葛藤や，それを「舞台裏」での曲芸によって覆い隠そうとする衝動について話し合いました。

空中ブランコは，最近見た塔の頂上の夢を彼に思い出させました。彼は，ロシアのバレエ史におけるニジンスキーや，彼のストラヴィンスキー(4)との関わり

第2章

と『春の祭典(5)』の初演とのいきさつについて，本で読んでいました。しかし，彼は，ニジンスキーとディアギレフ(6)とのマゾヒスティックな関係や彼のその後の自殺についての話は知らないようでした。

　その本は，明らかに分析や，ジムの父親の蔵書豊かな書斎——彼は今やそこを良く利用していたのですが——と関連していました。私たちは，幾度もマスターベーションの意味について話し合いました。マスターベーションは，彼の内的な母親の体内へ侵入するという空想と結びついており，またそのことは彼女の内部にいる赤ん坊たちを傷つけ，そしてその傷ついた赤ん坊たちと同一化することで，抑うつに陥ることを意味していました。葛藤は，夢の中での二つの心の状態の間にありました。すなわち，舞台裏（原光景への侵入，偽性の女性性，マスターベーション）か，あるいは助けを求めるかです。助けを求めるとは，不安をコンテインしてくれて考えられるように助けてくれる乳房－箱を必要としている子どもたちのうちの一人なのだという，欲求不満を受け容れる心の状態です。私が，夢の中のおできと，彼の臍の緒の問題や首にある目に見えるしみとを結びつけた時，彼は，彼ら二人の髪を切ってくれる出張美容師が家に来る前に，床に新聞紙を敷いて置かなかったことに母親が腹を立てたと私に話しました。私たちは，ぐずぐずしてしまうという問題について話し合いました。分析作業を進めることへの葛藤は，曝け出され，みじめな思いにさせられることへの恐れから反撃を受けたということなのでした。

　一カ月後，彼は以下の夢を報告しました——

　「僕は休日，外出のために早く起きました。母親は僕に，女の子を，おそらく僕の妹，あるいはジュリア（彼が15歳の時恋に落ちた子の一人），もしくは「明日の世界」というテレビ番組に出演している女性を起こすように頼みました。僕は階上に行き，彼女のドアをノックしました。その後僕は，チョコレートクッキーやフットボール大のお菓子でいっぱいのスーパーマーケットにいました。僕はそれらを見ながら行ったり来たりしていましたが，最終的には何も買いませんでした。その後，夢の別の部分では，僕は更衣室にいました。僕は，脱衣中の女性たちを盗み見ることができるかもしれないと思い始めました。しかし，僕は何も見ることができませんでした。また，その時点で僕は，勃起していな

いことに気がつきました。夢の最後の部分では，二人の悪ガキの幼稚園児が，ロープをぐるぐる回したり，上下に揺らしたりしていました。彼らは，僕に一緒にやろうと誘いました。しかし僕は，運動会のあるレースに参加することの方に関心を向けようと決心しました」

　ジムは，その男の子が彼の幼稚園で最も足が速いと言いました。しかしある日，彼がその男の子を追い越せることが分かりました。彼は，「明日の世界」という言葉が彼にとって，大人の関心や責任を象徴しているということに同意しました。例えば，彼はいつの日か精神分析家としての訓練を受けようかとしょっちゅう考え込むのでした。

　分析は，彼の母親がしたように，彼を内的現実へと目覚めさせました。入る前にドアをノックすることは，妹の部屋へこっそり入りたくなる気持ちを我慢することを指し示しています。その後，「糞便－チョコレート」を食べたくなる気持ちが我慢されているようにです。

　次は，その一年後，大学在学中に彼がみたもう一つの夢です――

「私は大学に在学しており，音楽図書館でブーレーズ⁽⁷⁾の作品――『主なき槌』と呼ばれたシュールレアリストのいくつかの詩に曲をつけたもの――の分析を研究しています。近くにいた，ブロンドの女性は，まるで問題を'こじ開けた'かのように，すばやく書きます。私は，気づかれないように，彼女の書いたものを盗み見ようとしていました」

　彼は，その本は，ヌレエフに関する夢の中の本に似ていたとコメントしました。ブーレーズの作曲は実際には非常に複雑なので，彼は音の高低やハーモニーを理解するため努力しなければなりません。ブロンドの女性は彼にある女性音楽家を思い出させました。昨夜，彼はテレビで「ザルドス」（Zardos）〔不朽不死の空飛ぶ神様。映画名は『未来惑星ザルドス』〕という映画を見ました。『オズの魔法使い』の映画版です。彼は，子どもになっており，魔法使いのうなり声に仰天しました。それは，『不思議の国のアリス』の映画の中の出来事のようでした。そこでアリスは，どんどん大きくなって身動きがとれなくなりました。彼は，

それが勃起することと関連しているのかどうか思案しました。

　彼は続けて言いました。「私が子どもの頃の出来事で覚えているうちのひとつは，僕が『オズの魔法使い』を見ていたときに，母親が僕をテレビから引きずり離した際，腹を立てたことでした。それは，僕たちがあなたと会う約束をしていたからでした！」

　私は彼に再度，小さな男の子が大人に扮したくなる誘惑について思い出させました。それは，明らかに大人も同じことをしているのではないかという，疑惑の世界を創造していました。これは，子どもであるという問題に対して，シュールレアルで魔術的に解決しようとすることに心を奪われた世界です。そのスプリッティングはまた，父親や母親にも影響を及ぼします。彼は，「魔法使いパパ」から迫害されていると感じています。「魔法使いパパ」は，子どもに罰を与えるのを楽しむものなので，彼が賞賛し愛している創造的な「ブーレーズ」父親と結びつくことはできません。金髪の女性音楽家の優れているのは，謎を「こじ開ける」のが上手いことだけです。しかし，「良い」両親は，彼らの思慮深い能力に同一化するように彼を導き，そして彼が自分で関心や理想へと至る道を見出すように促すのです。

　私たちは，彼が家を離れている間，大学在籍中も大学を出た後もずっと，私たちの作業が継続できるよう手筈を整えることができました。この間にジムは，彼自身の中にある懲罰的な超自我と「自我理想」との違いを，さらに明瞭に理解できるようになりました。そしてそのことにより彼は個人としての可能性を発揮できるようになったのでした。

討論

Q：私は，彼が5歳のときに描いた絵とつながりがあると思います。その絵には2つの赤い円錐形の物体があり，赤色はペニスまたは乳首を表しています。私には，それらは何か倒錯的なもの，そして同性愛の噂のあった二人のバレエダンサーを連想させます。絵の中にひとつの口を見ることができると思います。しかし彼が肛門に指を入れていたという事実は，母親の身体の中に肛門を通って入ることと何らかの関係があるのではないでしょうか。

Q：もちろんニジンスキーとヌレエフのカップルには子どもはできません。
Q：舞台裏にいるということはあたかも患者が次のように言っているかのようです。「どのように僕の背中を観察しなければならないかを分かって。背後からです，しみがあるのだから」。しみは，マスターベーション，分析過程を攻撃して子どものままでいる彼の方法，と結びついています。付け加えるなら，次のように，患者はわが道を行きます。「もし彼らが僕の背中を見て，しみを見るなら，彼らは僕がマスターベーションをしていることを知ることになるでしょう，そしてそれが，僕の分析における僕の成長を攻撃するやり方なのです」。
Q：「春の祭典」においては，少女が生贄になりますよね。
A：それは一種のサド−マゾヒスティックな性交ということですよね。そうではないですか？
Q：そして復活するんですよね！
Q：私は，夜尿症の意味を知りたいのです。それは両親に対する攻撃ですか？
A：カップルとしての両親，結合した対象に対するエディプス的攻撃はさらに，考えるための装置（ビオン）としての彼の内的対象への攻撃，という意味でもあります。それは彼が描いた絵につばを垂らし，こすって穴をあけたことと同じ意味を持つものです。
Q：マスターベーションもそうなんですか？
A：はい。大人に成長することを思い悩むのは，もし両親を愛しているなら，彼らから離れる悲しい気持ちと闘うことになるからです。赤ん坊のままでいたい，時が過ぎるのを否認したい，という子どもっぽい欲望を克服することです。大人の生活の喜び——そこには責任を果していくことが含まれますが——が実際にも望ましいものであることが，パーソナリティのある部分には明らかではありません。もし考える機能を持っているパーソナリティの部分（ビオンによるところの内的な良い対象もしくは心／乳房）が侵入やエディプス的敵対心によって障害されるならば，その場合大人の世界との同一化の可能性にも影響が及びます。
Q：ベルの鳴る夜尿症シートは考えることをしないことへの招待でした。
A：ええ，行動療法です！

第 2 章

Q：はい，そして彼はそれに反発しましたね。
A：両親はその当時疲れ果てていました。三番目の夢では，ベルによってではなく考えることによって目覚める描写があります。「私の母親は，その少女を起こしてくれるように私に依頼しました……」。私はそれを，侵入性同一化の外へと彼を救出・分娩させる（deliver）分析的なプロセスを意味しているものととらえます。
Q：私は，夢ではしみの像が彼の背中ではなく，臍のそばにあることに興味をそそられます。
Q：もし母親が分析によって達成された心理学的な意味での誕生という視点で考えることができなければ，息子がそうした夢を見ることは難しいかもしれませんが，どうでしょうか？
Q：そこには同性愛の要素があります。私は，男性の分析家に向けられた患者の転移に関心があります。
Q：あなたは，5歳の頃母親のハイヒールを履いて歩いたり，ハンドバッグを携帯したりする彼を見た友人が，彼の両親に心理療法をおこなう必要があると提案したかもしれないと考えますか？
A：私は，そのことが，そうでなかった場合に安定化した状況に，大きな変化をもたらしたものだったかどうかは疑わしく思います。精神分析を求める決定は，たいてい気乗りしないけれど不安のレベルが高い時にのみなされます。私の感触では，それは彼の女性性であっても，同性愛ではなかったと感じました。彼の女性性は確かに一つの要因でした，そしてもちろん，強さへの潜在的な源でありました。彼は母親，その美しさや創造性に同一化していました。分析の信頼性に関して父親と母親の間ではちょっとした違いがありました。しかし実際は，両親とも支持しました。その主な違いは，父親が分析を受けた個人的経験を持っていたことでした。
Q：分析を持っただけではなく，それをやり遂げたんですね！
A：ジムの音楽に対する関心は母親への同一化です。「明日の世界」というテレビ番組は科学の番組であり，そしてその美しい司会者は工学科の卒業生です。私が思うに彼は，半々に，科学的なことは父親と同一化しており，音楽とダンスは母親に負っているものであるから母親と同一化しており，そして

混乱から抜け出す青年

その両者を統合したいのではないでしょうか。

Q：彼は，女性性に対するのと同様に，音楽の美に対しても審美的な反応を持っていますよね，どうでしょうか？

A：確かにそうです。そして，私が思うに，精神分析的手法——メルツァーは審美的な対象であるとして記述していますが——に対しても持っています。その一方で，メルツァーが示唆しているところによれば，審美的葛藤が生じてきます。それは，理論——手法がそれに基づいて実践される理論——ゆえであります。理論には，一般的によく知られているように，疑いの目が向けられています。(Meltzer & Harris Williams, 1988, p. 23)

Q：審美的葛藤についてもっと話してもらえませんか。

A：その話はポスト・クライン派の発展の核心に及びます。メラニー・クラインは，対象関係において妄想・分裂ポジションは抑うつポジションの前に来ると考えました。ビオンは統合や新しい発展が内在しているときにはいつでも，その二つの間には反復的な揺れ動き（Ps ↔ D）があると見なしました。「破綻か突破か（breakdown or breakthrough）」あるいは「破局的変化」は，彼特有の表現でした（Bion, 1970）。メルツァーは，乳児が生まれ出てくる時に出会う審美的な衝撃が発達にとって第一義的なものであると記述しました。そして妄想・分裂ポジションは二義的なものであり，「日の出の眩しい光に対して知覚器官が閉じられる結果である。プラトンの表現では，洞窟の奥へと急いで退く」（Meltzer, 1988, p. 28）ことです。

Q：分析手法がその理論と「結合対象」を形成するために結びつくという意味ですか。

A：私は，エディプス葛藤を拡張して，分析的経験における女性的要素と男性的要素とが結婚することである，と考えてみたいのです。疑いようもないことですが，分析家が時間を守ることや請求書を渡すことは，父親としての分析家が母親を守ろうとしているのか，それとも母子の幸せを台無しにしようとしているのかという不確かさを，乳幼児的自己のなかに創造させます。

第 2 章

訳注
（1） ルドルフ・ヌレエフ（1938-1993）。ロシアの男性バレエダンサー。ニジンスキーの再来と言われる。反抗的な性格でもあったので政府から警戒される。1961年にイギリスへ亡命。同性愛者であった。
（2） ヴァーツラフ・ニジンスキー（1890-1950）。ロシアの男性バレエダンサー。バレエの世界で成功するもその後統合失調症を発症し，以降精神病院に入院する。同性愛者であった。
（3） マーゴット・フォンテン（1919-1991）。イギリスの女性バレエダンサー。10年近くヌレエフのパートナーとして活躍する。
（4） イーゴリ・ストラヴィンスキー（1882-1971）。ロシアの男性作曲家。ディアギレフが率いていたロシアバレエ団のために『春の祭典』を作曲する。その作品の振り付け師として，ニジンスキーが抜擢されることになる。
（5） ストラヴィンスキーが作曲したバレエ音楽。春を迎えたある二つの村同士の対立とその終息，大地の礼賛と太陽神イアリロの怒り，そしてイアリロへの生贄として一人の乙女が選ばれて生贄の踊りを踊った末に息絶え，長老たちによって捧げられるという筋である。
（6） セルゲイ・ディアギレフ（1872-1929）。ロシアの芸術プロデューサー。ロシアバレエ団の創設者であり，数多くのバレエダンサーや振付家を育成するとともに，当時の名だたる作曲家に歴史に残るバレエ音楽の傑作を依嘱した。また同性愛者であり，ニジンスキーともつきあっていた。
（7） Pierre Boulez（1925-）。フランスの作曲家・指揮者。『主なき槌』という作品はシュールリアリズムのフランスの詩人ルネ・シャールの詩に曲をつけたものである。

第 3 章

夢——脚本を書くのは誰か？

　構造，心の解剖学的構造という考えは自我，超自我，イドとともに精神分析において始まりました（Freud, 1923b）。その当初から，心には子どもたちと親たちとが心の住人として住んでいる〔自己と内的対象からなる心という内的世界がある〕とみる，心の描写が発達してきました。心における子どもたちは，外的にも内的にもエディプス的な問題を経験し，それによって内的な母親の身体——それは内的な父親とさまざまな様式で結び合っているものですが——の内側と外側において，統合と解体，投影と取り入れの絶え間ない変転を経験します。
　1897年にフロイトは，自己分析に夢中になり，親友フリースにこうしたためました——

　　一般的価値を持ったある一つの考えが私に明らかになってきました。母親に恋し父親に嫉妬することですが，それを私は自分自身の場合にも見出し，今では幼年期早期の普遍的な出来事とみなしています。……われわれの感情は運命のいかなる個々の横暴な衝動にもあらがって立ち上がりますが，しかしギリシャ伝説〔エディプス神話〕が一つの衝動を摑み取りました。その存在をおのれのうちに実感するために，誰もが認める衝動です。聴衆の誰もが皆かつては，胚種の状態でかつ空想の中で，まさにエディプスのようであり，幼児的状態を現在

第 3 章

の状態から引き離す抑圧の総量を割り当てて，誰もがここで現実に移し入れられた夢の充足を前にして恐れおののき後退します。

[Freud, Letter, 71, 1950 (1892-1899), p. 265]

　しかし，その物語の中で，神々に背きテーベに災いをもたらした者は他ならぬオイディプス〔エディプスのギリシャ名〕である，という盲いた預言者の信託を理解するのに，オイディプスは時間がかかりました。証言者が呼ばれながらも，情況的証拠しか語られませんでした。しかしついに二人の羊飼いが彼らの話を始めました——捨て子を哀れんだテーベ人と彼からその子を受け取ったコリント人です。オイディプスはそこで抑うつに陥ります。
　このように理解から尻込みすることは，精神分析の経験ともまた非常に関連した現象でありますが，しかしエディプス的な欲求不満を抱えて葛藤の中に入るよりはむしろ，それを回避しようとする口唇・口腔的で肛門的な「前性器的」リビドー段階の発見に伴い，「性器的」エディプス・コンプレックスは，ハンディキャップというよりも文化的達成であるということが分かってきました。
　フロイトが「ワークスルー」と呼んだ活動は，心の住人の統治の問題を扱う過程の一部であります——

　　その通過が大衆からの支持を得ると思われる法案が提出され，ある少数政党がそれに反対である，そんな国を想像してみよう。その少数派はマスコミを掌握し，その助けを借りて「世論」という最高権力者を操作し，そうしてまんまと法案の通過を阻止するのである。　　　[Freud, 1926d (1925), p. 92]

これは，フロイトが心がどのように構造化されているかについて考えるときの一助として提案した，多くの比喩の中の一つです。
　フロイトによって認識された，心的痛みに対する防衛機制——それはしばしば，自我が，イド本能の要求，超自我の過酷さ，そして外的現実や社会の要求を調停しようとする試みとして表現されますが——は，メラニー・クラインの寄与——自己と対象のスプリッティングという概念です——によって変革を遂

げました。これによって精神分析的な対話的手法とは，スプリッティング，そして異なったタイプの同一化過程の作用，つまり投影同一化，侵入性同一化，自己愛性同一化，付着同一化，そして精神病性同一化によって醸成される混乱した雰囲気の中，それにもかかわらず実行される科学的で審美的な努力として，考えることが可能となっています。

　しかしながら，クラインがスプリッティングと投影同一化を否定的なあるいは防衛的な機制と思い描いていたのに対し，ビオンは極めて重大な肯定的側面もあると直感し，それによって再び理解が推進されました。ビオンの認識論的メタ心理学では，「心／乳房」は，不合理で象徴化を欠いたものとして「抱卵されて（incubated）」いない原初的思考や心的活動の孵化（incubation）のための容器として思い描かれています（Bion, 1962）。この基底的想定心性は，「作業グループ心性」（Bion, 1961）と葛藤状態にあります。メルツァーの地理的メタ心理学では，これら二つの心性はそれぞれ，一方が内的母親の内的空間に住んでいるものとして，もう一方が母親の「心／乳房」の外側で母親と作業をするものとして，乳幼児的自己に関してよく見られる空想と同等視されています。メルツァーは審美的メタ心理学というさらなる範疇を示唆していますが，それは赤ん坊が母親の「美への憂慮（apprehension of the beauty）」に気づく地点に位置します。審美的葛藤とは，美が現前していることの気づきへの反応なのです――そしてこれは芸術が私たちの人生において演じる役割――それは対象の目には見えない内部の豊かさに関する不安や，対象の喪失や破壊の可能性への気づきをコンテインしています――に関係しています（Meltzer & Harris Williams, 1988）。

　このように，被分析者の心の状態は，古代ギリシャの都市の状態のように，民主制，寡頭制，あるいは専制といった手段によってか，もしくは，異なる時に異なる領域で同時にこの三つすべてによって――こちらの方がよりありそうですが――統治されるものとして描かれるかもしれません。しかし，他方，分析家の心の状態は，理想的な状態――見捨てられる恐怖と格闘するさなか，励ましや安心感を両親から与えられる子どもたちというモデルに基づいた心の世界観――に向けて苦闘する可能性についての気づきを保持しています。

　夢は，自らの心についての真実を追求すべきかどうかという問題を巡って分

第3章

裂した，パーソナリティの複数の自己の間で行われる内的討論への接近を可能にします。しかしおそらく，公民権を与えられたパーソナリティ部分だけが，夢によって報告されるのでしょう——いくつかの部分は十中八九公民権を剥奪されるはずです。それに対し，分析家は——理想的には——もう一つ別の心が作用している証拠を提示します。それは，ちょうど神話においてオイディプスが預言者の洞察の真実性に不安を覚えたように，被分析者にとっては不確かな性質のものであります。

＊　＊　＊

　これらの事柄は，職業上の理由で分析を求めてヨーロッパにやってきた30歳前後の男性の分析のある期間において，「痛々しいほど」明瞭になりました。当然なこととして，個人的な動機がすぐに姿を現わしました。「Ｄ氏」は十代後半に両親を亡くし，その死にそれほど心を動かされなかったことを心配していました。彼は自国の精神分析文化の中ではエディプス・コンプレックスはほとんど顧みられていないと言いました。彼の複数の夢は，彼自身の私的文化においてはその逆〔顧みないといけないこと〕が真実であることをおのずと論証していました。

　私は，彼がロンドンに来ることになった，もっとロマンチックな，ファウスト的でさえある動機を耳にし始めました——それは彼が隠居した天才，博識の科学者に会って弟子入りするという希望でした。この創造的な大人の生活という理想には，低学歴の父親を英雄崇拝し続けていた部分とのいくつかの重なりがありました。彼は父親を時代の悲劇に打ちのめされた人として描写しました。父親は若い時分に徴兵され，政府間の紛争を流血なしに解決できない人間の性（さが）に絶望し，政府の愚かさを確信した敗残兵として，帰国していました。

　被分析者の分裂した自己感覚は夢の中に現れ，彼はすぐに夢に関心を持って定期的に報告し始めました。彼の内的生活には，悪意ある侵入的な性格の学生時代からの友人が棲みついていました。その友人は大人の世界や体制側と争うことを楽しんでいました。彼は当然，現実生活においてもその友人と部分的に同一化していました。そして，もう一つ別の，もっと陰険な，昆虫をいじめる

ことに無慈悲な喜びを感じていた，子ども時代のアイデンティティがありました。彼が8歳ぐらいの時，裏庭で慌てふためくアリにガソリンを撒き，火のついたマッチを投げ込んで爆発させたことは，両親を，そして彼自身を恐怖に陥れました。D氏と1歳年上の姉が両親の寝室からふたり共同の部屋に移った時，彼らは小さな夫妻のように振るまい，それを心配した父親がふたりを引き離すまでそれは続きました。

　分析の中で，これらの問題は，わずかな違いはあるものの，以下のようなタイプの反復される一連の夢として提示されました。「ある女の子とベッドにいる時に母が部屋に入ってきて，私はその子に掛け布団の下に隠れるよう言います」。

　いくらか経った時点で彼は，これらの夢が，内的母親の身体内部への侵入の結果生じる，地理的な混乱に関する精神分析的理論に合致しているものだ，という考えを真剣に受け取るようになりました。このエディプス的な「犯罪」の結末は，偽成熟と組み合わさった，懐疑的で迫害的な世界観によって「責め苛まれる」というものでした。分析作業は［母親の身体内部から］抜け出すことを，すなわち分析的な心／乳房に彼の理想とする博識な男性を見いだし，自我理想の取り入れ同一化を通じて，真の成熟を成し遂げることを促す過程でした。

　分析の3年目に，彼はある母国の人――ヨーロッパ見学旅行でロンドンを通り過ぎようとしていた女性――とのパリへの夏季休暇旅行から，失望のうちに戻ってきました。彼女がハンドバッグを紛失した時，彼は彼女のパニックを鎮めることができないことに気づいたのです。彼女は，自分の家に電話し両親と話してようやく落ち着いたのでした。

　分析の休み期間中に分離不安の一側面として起きた，コンテインされないパニックの経験は，3年間の分析を経ていてさえも，D氏には受け入れることが難しいものでした。しかしながら，陽性転移と依存性が彼をかき乱し始めるにつれて，私は彼がイギリスにやって来た，より込み入った動機を耳にし始めました。

　話のついでに触れられただけでしたが，彼の生活のある側面が語られました。生まれ故郷に，彼がほれこんだ女性がいたのです。彼は彼女と大学で出会っていました。彼にはまだ，彼女といいなずけになる心の準備はできておらず，他

第 3 章

のより見込みのある求婚者に敗れました。それから彼は，彼女が結婚するのは保身のためであり，愛情のためではないことを彼女が認めるようにみえるまで彼女を手紙攻め，電話攻めにしました。そして彼は他の女性と短期間のおざなりな情事を持ち，同時に彼が失ったその女性に十分そのことが伝わるようにしましたが，彼女は動じませんでした。彼はすでにロンドンに留学する手はずを整えていました。彼の不在によって，物質的安全が決して愛情に取って代わるものではないことを彼女が悟るだろうとの希望を持って，彼は祖国を離れたのでした。

　この話題は今や，エディプス的な，あるいは他の種類の解釈が何らかの印象を与えているということを何も示さないままに，何時間も私たちを独占しました。依存的な転移の様相が現れては消えました。時折彼は，神秘的な知識を得るために厭世的な科学者の特権的な弟子になる，というテーマに戻りました。神秘的な知識を得られるならば，ある期間，依存［的な転移］に耐えることはできると考えていました。しかし，それと交互に，彼が欲しがっている外的資格——不運で無知な者から搾取して富を得る免状——を幸運の一打によって私が手に入れているという確信のもとに苛立ちを表す，彼の非行的自己の，災難に満ちた世界が現れました。

　時折，彼が例の女性への妄執に戻った時には，そこに悪意ある要素がありました。それはまるで彼の心を統治する，別の自己であるかのようでした。彼女の夫の魅力が彼に勝っているという考えを即座に投げ捨てること，単に誤解しているだけなのだと思い込む自己満足——そこには嘲りの要素があるでしょうか？　それはすべてユーモアのあるやり方で話し合われましたが，D 氏の手紙に対する女性の返事ははぐらかすものであり，いまでは彼がかけた電話には忌み嫌う夫が出るために，彼は問題を片づけようとクリスマスに母国に飛ぶ（fly）ことを決心しました。

　数週間が過ぎましたが，その間私たちは，その問題について友好的なやり方で討論——論争——し続けました。それは，クリスマス休暇の抑うつの痛みからの躁的逃避行（flight）なのでしょうか？　そうかもしれませんが，彼はともかく行こうとしました。これに関する部分的な譲歩（climb down）がその後すぐに，夢において例示されました——

「私は洞窟の中で木の剣を持った男とフェンシングをしていますが，しかし彼を刺そうとしています．それは反則です．彼はその道の専門家で，私に同じことをし始めます．彼は修練を積んだ剣士だから許されているのであって，初心者にはそれが許されていないようです．私は傷を負って退却するだろうと感じました．それから私は海に面した崖の上にいて，岩の上をはいおり（climb down）たいと思いますが，そこはでこぼこで，岩の割れ目にはカニや他の昆虫が棲息し，噛んだり刺したりしてくるので，痛みが強まります．そして私は，母の兄弟であるおじが，頂上から見下ろしていて，私にはそんな能力はないから出来っこないと，私に言っているのを目にします．私は怒りを覚えます——侮辱されそして恩を着せられたことに」

彼の亡くなった母親の兄弟——彼のおじたち——は，母親が臨終の床に臥している時に，彼らの姉妹〔彼の母〕への配慮を欠いていたと言って，父親を責めました．中傷されたことに怒り，父親はおじの一人をナイフで脅し，そしてその仕返しとして暴行罪で告訴するぞと脅されました．血迷った老兵は譲歩し（climbed down），しばらく精神病院へ入ることに同意しました．夢の中には，おじの非難に殺人的な怒りを覚えながらも譲歩した父親との，被分析者の同一化が暗示されています．

事のもっと肝心な点は，母親の死が，内的現実の真実への配慮を欠いていたこと，そして分析的思考への依存を巡るパニックへの配慮がないことを，象徴的に意味していたことでした．彼は，母国の文化の中で受け入れられていない分析的思考によって，攻撃されていると感じ，不公平な決闘の中で打ち負かされ，これ以上の屈辱を避けるために，しぶしぶ譲歩しています．彼のパーソナリティの一部は，母親の身体に住もうと，あるいはそれを所有しようと主張することが，大人としての彼の能力を発揮したいという彼の願望とは両立し得ないことを認識しています．岩の割れ目に棲息する昆虫——彼の幼年期において犠牲となったアリのまぎれもない亡霊——に噛まれ刺され，「夢の脚本家」は，親の神性の「偉大さ」と関連した乳幼児的自己の「小ささ」の復活を，屈辱として知覚しているのです．

第 3 章

　その間にも私たちの討論は続きました。彼は，転移の中で目覚めさせられたエディプス的情念によって喚起された理想の人を追い求めて，高くつく母国への飛行（flight）をすることで，行動化しているのでしょうか，それともしていないのでしょうか？　もし女性が彼のために夫のもとを去ることに賛同したら，彼は分析を捨て，母国に帰るでしょうか？　彼はためらいました――多分彼女はイギリスに来てここに住むでしょう。けれども彼女はここに来て何をするのでしょう，そしてどうやって暮らすのでしょう？　たぶん彼女は分析を受けることができるかもしれない。そしてまた，分析のクリスマス休暇がなかったとしたら，彼はそれでも彼女と対決するために，母国に帰ることを考えたでしょうか？　彼は躊躇し，考え直してみなければならないだろうと言いました。
　一言で言えば，D 氏は今や，自分はほとんどの点で正気と言ってよいものの，これは一つの事への偏執であり，夢の中でそうであったように，誤りを犯したことが判明したならば主張を捨てて譲歩する用意がなされなければならない，ということに同意しやすくなりました。その一方で，彼の自己愛的なもうひとつの自我は，その逆が事実だと主張しました。すなわち，彼の分析家もまた，内的現実に関するこの転移という〈固定観念〉と，男性分析家がどことなくその女性を象徴化し，彼の願望の対象となっているという荒唐無稽な考えを別にすれば，ほとんどの領域において正気と言えるものであった，ということです。おそらくそれは，彼の父親の，精神病院の地への着陸を余儀なくさせた，パーソナリティの偏奇と同じものだったのです。
　飛んで帰るという問題は，その女性が彼の提案をきっぱりと断る手紙を再び書いたことで，落着しました。熱狂は退き，D 氏は夢を報告しました――

　　「その女性とその夫とが一緒にロンドンに到着しました。私は，彼女が夫のひざの上に座っているのを見て，気が動転しました」

　D 氏は今や，彼女が結婚した男性――彼女の夫――は，おそらく彼がそうであったよりもはるかに彼女に対して優しいのだ，と考えていることを認めました。夢は彼に，幼い少女――おそらく彼の姉でしょう――が彼らの父親のひざの上に座っているのを思い出させました。分析の新しい局面が始まったのです。

討論

Q：私は，彼が「真実を見ること」を拒否し，夢の中で［真実を拒否する状態から］しぶしぶはいおりる・譲歩することを紹介するあなたのやり方に，私たちが笑みを浮かべてしまうことに気づきました。それは，彼の性格に躁的な側面があることをほのめかしているのでしょうか？

A：話のいくつかは，実に見え透いて感じるほどに子どもっぽく，実際，被分析者は自分の夢の「脚本」のばかばかしさを正しく認識し，自分でも笑っていました。「躁的防衛」は，統合に随伴してくる抑うつ的な痛みを回避するあらゆる機制に対して，メラニー・クラインが用いた総称的な用語です。そのため，分裂機制，侵入機制，万能的支配，そして想像からなる内的世界の実在を覆い尽くす否認は，ひとつの非常に包括的な，躁的逃避行（flight）であります。しかし私は，被分析者が夢を持ってくることに示す熱心さは，彼の内的現実の神秘性に対する関心をはっきりと示していると思っています。

Q：あなたの問い，「脚本を書くのは誰か」に対する答えは，何ですか？

A：私が導入部で伝えようとしたのは，分析の初期の段階において，夢は，諮問委員会によって監視された報道発表のような性質を持っており，それを詳細に読むことによって，「行間に」躁的防衛によってコンテインされた内的危機が読み取れるだろうという考えです。その危機とは，心の構造内部での力の均衡の変化によって引き起こされる擾乱です。

Q：対立する力の間の均衡は，精神分析の初期の段階から，さまざまな形で，精神分析的理論の一部をなしていました——リビドー対抑圧，快感原則対現実原則，自我対イドなどのようにです。

A：そして今は，統合対分裂です。ビオンが提出した未知の統合的力，アルファ機能は，乳児の最も原初的な思考——情緒的経験や外的，心的現実の感覚印象——を処理し，象徴を，したがって夢思考を創り出します。それは母親の夢想——心／乳房——の統合的力です。混乱と解体を生み出す，天賦の才を持った負の力がそれに対立し，そこには創造性の模倣も含まれます。ビオンが模倣品の中には本物と区別がつかないほど良くできたものがあると注釈

第3章

した時,それは冗談のように思えますが,冗談としてすまされるのは,コピーし,複製し,ファクシミリをとるためのあらゆる技術を思い出すときだけです。人間のパーソナリティに当てはめるならば,それは寒気のする考えです。統合失調症におけるパーソナリティの断片化では,自己や他の人々が,フロイトがシュレーバー症例(Freud, 1911c[1910])で鮮やかに記録したように,再組立て部品として,知覚されるようになります。

Q:フロイトはまた,生の本能と死の本能についても書いています——クラインも同様ですか?

A:クラインは,不安というもの——そしておそらく羨望——が,死の本能から生じるということに賛同しました。しかし〔死の本能という悲観的な考えに比して〕心的生活への個人の私的責任という考えは,もっと楽観的な考えであり,そしてもっと有用であります。究極的には,内的現実における出来事に対して責任を負うことが,問題なのです。それはしばしば,夢の中で重い手荷物を持ち運ぶこととして象徴化されます。その逆は,バッグや鍵,その他の良いものを失うこととして現れます。掛け布団の夢のように,もしも覆い隠されていた無責任さが暴かれれば,自己理想化と全知〔の幻想〕の喪失が起きます。しかしこれは幼児性欲と大人の性欲間の混乱から解放されることで償われて,あまりあることです。

Q:フロイトは,創造性が性的衝動の昇華から生じるとは考えなかったのでしょうか?

A:フロイトは,創造性について説明するのに困難を感じており,それを説明しようと試みる中で,エディプス的な幼児の性欲と創造的な大人の性欲との区別を見失ったようでした。そこには,結合両親対象のための住まいとしての内的現実という概念はありませんでした。結合両親対象は,諸々の胚芽的な考えを懐妊し,自己にそれらの考えを表現するように訴えかけるミューズたちのようなものです。

Q:夢の最初の部分に出てくる,彼が洞窟でフェンシングをしているところですが,そこにはいくつかのルールが存在しています。彼は,それらについても同様に,責任があるのでしょうか? それらは彼にとって公平なものではありません——彼は,初心者であるために,刺すことを許されていません。

A：彼は精神分析の学生です。

Q：私はプラトンの神話における洞窟について考えていました――彼は，地理的に言えば，内的母親の内部，閉所の中にいて，しかし彼が傷つくかもしれないと感じる時，その外側をはいおります（譲歩します）。

A：彼は「ルール」について，それが学生に当てはめられるのではないかと心配しています。体制への入会という最初のハードルが乗り越えられた後，もしも無意識的空想における侵入が活発であれば，閉所恐怖的不安が持ち上がるでしょう。彼は誠実な学生でしたが，反復された，掛け布団で覆い隠す夢は，権威と葛藤状態にあった同級生についての報告がそうであったように，内的権威との葛藤を明示しています。

Q：権威による報復の脅威の下での「譲歩する・はいおる」ことは，内的な「心の変化」と混同されるべきではありません。それは外的な資格と内的な資格との違いです。

A：地位や年功は心の成熟とは区別されるものです。メディアが，大衆的アイドルを監視して思いがけない欠点を見つけるがために信頼されることがありますが，分析家に関しての被分析者においても同様です。D氏は初め，私がいくつか個人的な質問に答えた時，私が分析者としてのルールを破ったと考えました――彼は，彼の生まれた国に関して患者がする害のない質問にも，答えることを禁じられていました。侵入的好奇心と非侵入的好奇心，内部情報を求めることと知識への欲求を区別することが，認識論的，地理的メタ心理学の両者において，きわめて重要なのです。

Q：彼の故国では，エディプス・コンプレックスは，心に関する理論として文化的に受け入れられていないという主張に対して，あなたはどんな反応をしたのですか？　これは，世界の多くの場所でもまた真実であるに違いなく，ヨーロッパにおける，とりわけ医学や精神科の専門職における，精神分析への敵意となって反映されています。

A：脳から区別された心という概念は，個人におけるのと同様に専門職においてもあまり関心が持たれていないということは，私が思うに，本当です。同様に子どもたちと両親が心の住人であるとみなす心の描写にも，わずかな関心しか集まりません。関連した現象が，ビオンが「名誉を負わされ跡形もな

く没してしまった」と特徴づけた［体制側が革新的な考えに体制内での名誉ある地位を与えることでその革命的な活力を奪うという］思想の歴史にあります。彼はまたかつて，あるセミナーで（産科の今や廃れた実践に関して）こうコメントしました。「新生児に対してまず最初に為されるのがお尻を叩くことであるのは，どういった理由からなのでしょうか？」。すなわち，心に関する新しい考えに伴う真実を含んでいると理解される時，既成の関心にとって都合の良くない面を制限するために，新しい考えとそれを黙らせようとする試みとの間の闘争が続くのです。これはまた，個人の私的な闘争においても真実であります。ビオンは，なかんずく新しい考えからの衝撃によって被分析者に生じる葛藤について考えながら，心を新しい考えが導入される容器として描きました。その結果として三つの可能性のうちの一つが現れます。つまり，容器はあまりに硬直しているので考えの生命力を黙らせてしまう，あるいは考えのエネルギーが容器を暴力的に爆発させてしまう，あるいは妥協が後に続き両者がある程度の修正を受け入れる（Bion, 1970）の３つです。

　これは，革命や理想主義的な宗教の歴史において非常に明らかです。そこでは，最終的に採用され制度化された形態は，結果として元来のものとほとんど似たところをもっておらず，そして犯罪が，新体制形態という名のもとに，実行されるのです。諸々の理想は，大きな集団において維持するのはとても困難であり，それらは非常に私的な事柄なのです。無意識という考えはそれ自体容易でなく，しかし夢はただただ無意識的な思考であるという考えは，夢のとらえどころのなさを星に喩えた，18世紀イギリスの作家，ド・クインシーによってよく表されています。「ありふれた昼の光を前にして，星が引き下がったかに見えようが，しかし実のところその光こそがベールとして星たちの上に引き広げられたものであり，漠とした日の光が引き下がったならば，その姿を現すべく待ち構えていることを我々はみな知っている」。

追記：
〈破局的不安と閉所から抜け出ること〉
　４年後，セミナーではＤ氏の夢について再び討論が行われました。
　終結の日取りが決められた時，両親の死に際しては見過ごされた悲しみに，

今度は飲み込まれてしまう脅威を彼は感じました。彼は卒業しました。婚約して家庭生活を始めたいと切に願いました。しかし前途にあったのは，祖国に戻った際の——彼が私に請け負ったように——精神分析がエディプス・コンプレックスを含まない文化における専門家としての孤独でした。

しかし我々の仕事は転移を中心としてのもの——外的な心／乳房からの分離とその内在化の問題についてのものでした。

彼は夢をいつものやり方で報告しましたが，しかしそこには驚くような違いもありました——

「私はきれいな女性と話をしていて，彼女は私の気を引こうとしているようにみえました。私たちは彼女の寝室に行くことに合意しましたが，そこに辿り着くためには，彼女の兄弟姉妹たちが話をしている部屋を，そっと通り過ぎなければなりませんでした。〈場面が変わり〉，彼女は裸でベッドの上にいましたが，私が掛け布団を剥ぎとった時，彼女の前面だけが人間で，背面は大きな昆虫，あるいはかぶと虫のようであり，私は，攻撃を受けることなしには彼女を抱くことがかなわず，彼女と性行為を持つのは不可能でした」

彼が即座に連想したのは『エイリアン』というホラー映画であり，その中で，地球は他の星から来た怪物——人間の脚を持ったロブスターのような怪物——に侵略されている，と彼は言いました。彼らは人間の中に寄生体として卵を産み付け，怪物の赤ん坊がついに飛び出す時，その人物は死んでしまいます。

彼はその美しい女性について雄弁でした。彼は彼女のことを小学生の頃から覚えていました，彼女は産科医の娘でした，しかし彼女について家で話をすればからかわれるので，彼は気持ちを心に秘めておきました。

彼らは一緒に学校を終えました。彼は遠くから彼女を賞賛しており，更衣室で彼女の乳房を一目見ようと企んでいたことを思い出しました。青年期に彼女は，その年の最も教養ある女性として，学校の美人コンテストで優勝しました。

この夢は私たちを数週間の間独占しました。それはビオンによって記述されたような，破局的不安に関する夢の経験なのでしょうか。つまり「突破か破綻か（breakthrough or breakdown）」なのでしょうか？ それは，メルツァーの地

第3章

理的混乱，閉所から抜け出すこと，ひとたび母親の身体の外側に出てしまうと，乳児を外的空間に漂い出てしまうことから守ってやれるほど，心／乳房の情緒的重力場が強くはないかもしれないという悪夢の可能性——幻覚や統合失調症のどこでもないところ（nowhere）に関する記述と関係しているのでしょうか？　乳房は，そこに吸いつく乳首があるという乳児の前概念と出会うために，そこにあるのでしょうか？　これは私が思うに，メルツァーの地理的メタ心理学における，ビオンの認識論における，破局的不安と等価な考えなのです。

* * *

Q：かぶと虫は，はいおりる・譲歩する夢の中で，仕返しをするアリや他の昆虫を思い起こさせます……。

Q：……あるいはメラニー・クライン（Klein, 1929, p. 210）が著述した，ラヴェルとコレットのオペラ，『子どもと魔法』における化け物たち。

Q：夢の始めにおいて，彼らは他人の部屋をそっと通り過ぎましたが，そのあと彼は彼女から恐ろしいぎょっとする目にあわされます。彼女は誘惑的な魔女のようです——美しい前面と恐ろしい背面，前／後の分裂，良い乳房と悪い乳房が結合されているかのようです。

Q：前面は魅力的な小さな少年ですが，しかし裏側は大人の背中です。そこでは彼は別人です——不快なことが彼の背中の裏側でも，彼のお尻〔直腸〕の中で起きています。

Q：『エイリアン』の映画のテーマは，母なる地球への侵略と地球の子どもたちの侵略です。怪物に対する子どもたちの関心は，子どもたち自身のスプリット・オフされた部分から生じています。それは内的父親に投影され，彼〔内的父親〕は怪物になります——超自我です。

A：自我理想は報復的な超自我へと堕落します。

Q：しかし，外的現実における美しい女性は，産科医という良い父親を持っています。父親は，母親にとっても，子どもにとっても，良い存在で，母親も赤ん坊も害することなく，赤ん坊を救出・分娩（deliver）させようとします。

A：産科医／パパは，美しい母親と結合し，ともにエディプス的殺人を防ぎ，

乳児を心／乳房にゆだねようと取り計らいます。もう少し後の時点で彼は，私が引退する前に診る最後の被分析者が自分である，というのが彼の空想であると認めました——彼は両親家族の赤ん坊なのです。怪物の赤ん坊が飛び出してその宿主を殺すという映画の考えは，ビオンの容器と内容に関する考えによく似ています——関係は共生的か，偏利共生的か，あるいは寄生的かです（Bion, 1970, p. 95）。『エイリアン』のような映画は，精神病的不安は心の中にではなく映画の銀幕の上にあるのだと安心させることで，大衆受けしようとします。

Q：「反象徴的」について，「非象徴的」と対比して，説明してもらえますか？
A：それは，象徴的思考が，心／乳房のアルファ機能の作用を必要とするという，ビオンの思考することの理論から生まれています。心／乳房のアルファ機能は，情緒的な体験の非象徴的な感覚印象を象徴的形式へと変換して，夢見ることや思考することに使えるようにします。負の力が反象徴的なのです。

　象徴的思考の概念を発展させるために，ビオンはクラインによる不安の2つのタイプによる画期的な分類を採用しました。妄想・分裂的不安と抑うつ的不安です。後者の「ポジション」は，前者において分裂され投影されていたものの統合を意味するものでした。彼は，新しい発展が可能であると同時に「破局的不安」が「突破か破綻か」のどちらか不確実であると告知する時の，その両者の間の反転しうる関係を示すために，Ps↔Dの記号を用いました。ある被分析者は，彼女の夫は破綻の恐怖に「動揺させられてはならない」と言いました。なぜなら，破綻すれば，彼が働くことができなくなるからでした。問題は，彼の性格が，破綻が持続している間，以前よりもはるかに温かかったことでした。彼女自身は，統合の意味することや，彼女の心の生活に対して責任を担い続ける必要性や，問題と取組み続ける必要性，しかしとりわけ混乱の中で時間をムダにしてしまう，という考えから来る解体の感情（「バラバラに切り刻まれる」）によって，「動揺させられる」のを嫌がっていました。

Q：その美しい少女のことを家でからかわれることは，彼が帰郷し，ロンドンでの分析経験を仕事仲間に説明しようとすることへの不安と似ているかもしれません。

第 3 章

A：そうですね。彼の次の夢がこれです――

「私は学校の生徒で，教室で先生から勉強の成果のことで褒められていましたが，窓の外では青空の下，他の子どもたちがハードルを飛ぶ練習をして楽しんでいるのが見えました」

発達的ハードルの克服が心のある領域では試みられていましたが，夢見手の注意は体制の内部での学術的成功〔外面的資格獲得〕への希望に向けられていて，外で〔体制の外部で〕格闘することの不安は回避されていました。

Q：外面的資格 対 内面的資格。
Q：外骨格 対 内骨格――かぶと虫とロブスターは外骨格です。
A：また別の夢です――

「私は休日に，ジェーンとC〔皮肉屋の同僚〕とともに，南極にいました。そこでの非常に辛い生活，そして窓の外を見ると，まるで排水設備に何か故障があったかのように，大量の水が通りに流れ出ているのが見えました――あるいはもしかしたら暖かくなっていたのでしょうか？」

彼の連想は，はじめアイスランドの火山噴火に向かいましたが，次に，もっと意味あり気に，ある映画に向かい，その中で彼はアイスランドで死んだ夫婦の息子と娘たちが，喪の儀式を行うためにそこを訪れた場面を見ていたのでした。彼は確かに，婚約者とこの私〔治療者〕に対してより深まった温かな感情を抱いており，そして彼女に痛みを与えてしまった，思慮を欠いた批評について，自分が譲歩し詫びることができたことを見いだして喜びました。婚約者は諸芸術に関心があり，それらに対する彼の関心を広げようと励ましました。そして今や結婚への段取りが組まれ，彼の考えの中には父親になることへの期待がありました。

Q：彼は，国に帰ってからも，あなたと連絡を取り続けているのですか？
A：ええ。彼ら夫婦には今では二人の子どもがいて，彼は人生の困難に勇気をもって立ち向かっています。

第4章

同一化と心のトイレット機能

　精神分析における心のトイレット機能（toileting）の歴史は，フロイトの同僚のブロイアーから始まりました。彼の患者のアンナOはこれを「煙突掃除」と呼びました。「私は夕方に彼女を訪れるようにしていた。その時間帯に彼女が催眠状態にあることを知っていたためである。そして私は彼女を，私の前回の訪問以降溜め込んでいる空想の産物の全貯蔵物から解放した」と記載されています（Freud, 1895d, p. 30）。しかしアンナOの解放は，結果としてブロイアー自身の平安を脅かし「空想の産物の蓄積」が彼と妻の関係をかき乱し始めたとき，彼は身を引きました。明らかにこの手法は危険なものでした。フロイトはこのことと彼自身の経験から，トイレット機能（toileting）を精神障害者に提供するのならば，あらかじめ分析家はトレーニングを受ける必要があると学びました。
　情緒のカタルシスが心理学的に必要なものであることは，長く認められているものです——アリストテレスはそれを劇場での悲劇の機能として記述しています。法律や宗教は，懺悔，粛正，処罰，そして赦免という独自のプログラムを持っています。フロイトは，子ども時代の心に起源を持つ「罪」と罰は，この［人の情緒的な心の］暗闇と混乱の領域に啓蒙の光をもたらすと主張しました。
　フロイトは，いかにして分析家が排泄された材料に心を奪われることなく思

第4章

慮を保ち続けるかという問題から，分析家の訓練の必要性を理解しました（Freud, 1912e, pp. 111-120）。「カタルシス」が陽性，陰性の転移および逆転移を伴うことは，クラインの子どもたちとの仕事において，スプリッティングと投影同一化という概念へと導く鍵となりました。この概念はウイリアム・ブレイクを強く思い出させます——

> 私は私の友人に怒った
> 私が私の憤怒を語ったので，私の憤怒は本当に終わった
> 私は私の敵に怒った
> 私がそれを語らなかったので，私の憤怒は繁茂した
>
> 〔ウイリアム・ブレイク「毒の木」〕

今や身体と精神の代謝は類似点を持つものとみなされるようになりました。栄養は取り入れられ，不消化のものは排泄されます。心の場合これは，思考の良いものと悪いものを意味します。

乳幼児性欲の文脈では，より後期の発達はより早期の発達よりも先に理解されました。性器期のエディプス・コンプレックスは前性器期——すなわち肛門期と口唇・口腔期——のエディプス・コンプレックスよりも，前に理解されたのでした。前性器期のエディプス・コンプレックスは，アンビバレントで部分対象を含んでいることとして記載されました。それに応じて，母親や母親の乳房への愛や憎しみは，口による吸いつきや嚙みつき，肛門による保持と排泄として区別されました（Abraham, 1924）。

心のフロイト・モデルがこうした成長を遂げたことは，今や重大な結果をもたらしつつありました。それはカタルシスが，失われた対象——つまり，アンビバレンスを通じて失われたもの——のための喪だけではなく，犠牲者との同一化という中核的問題を切り開いた，ということでした。喪や抑うつのメタ心理学を探究していく中で，心のリビドー・モデルは自我，超自我，そしてイドという構造的なモデルで置き換えられました（Freud, 1923b）。自我の「沈殿物」であり両親との同一化である超自我は，自我理想的な「道案内してくれる哲学者や友人」ともなりうる健康的な側面の可能性があることも特筆すべきことで

した。
　これら全ての考え，特に同一性の混乱という問題のさらなる明確化は，メラニー・クラインの諸概念に伴ってなされました。それらは，まずアンビバレンスに対する防衛としてのスプリッティングと理想化，それから悪い考えの排泄と発達の肛門期段階との関連性を確証するスプリッティングと投影同一化，といった概念でした。そして同一性の混乱は，母親の体の内部に住みついた自己の諸部分によって経験されます——

　　こうした有害な排泄物は憎しみの中で排泄されるとともに，自我のスプリット・オフされた部分もまた，母親の上に投影されるか，あるいは私はむしろこう呼びたいのだが，母親の〈中へ〉と投影される。これらの排泄物と自己の悪い部分は傷つけるだけではなく，対象を支配し所有しようとする。母親が自己の悪い部分をコンテインする限り，母親は，分離した個人とは感じられず〈その〉悪い自己であると感じられる。　　　　　　　　[Klein, 1946, p. 8]

母親を植民地化する自己は，迫害的な世界へと入り，そしてそこではその同一性は，外的，内的対象としての母親の同一性と混同されるようになります。
　今や侵入によって傷つけられた内的対象は，逆に自己の同一性に影響を及ぼします。それは今や，男性性と女性性とが結合した対象としての自我理想が，悪い対象や超自我に強奪された世界——抑うつ疾患や同一性混乱の構造——に，住むことになります。
　メルツァーはこうした混乱を，母親の心や体の世界との関係性における地理的なものとして記述しました——

　　基本的な問題は，心的苦痛の問題，およびその投影物をコンテインできる外の世界の中にある対象——一言で言えば私が「便器乳房」と称するようになったもの——の必要性の問題である。というのは，これが，その栄養を与える機能を母親の上半身，乳房，乳首，目，耳に——したがって彼女の心に——取り置いておく一方で，そのトイレット機能を彼女の臀部と関連させて下部に置くという水平軸的分裂による防衛に先立つ，最も原始的な表現だからである。

第 4 章

[Meltzer, 1973, pp. 66-73; 1992, pp. 61-67]

　「トイレット機能」の意味合いは，排泄された物質の最終処理という問題が承知されている点で，「カタルシス」とは異なっています。明らかに，分析家の心の中で，下水・汚物処理システムと心理的に等価なものが作動していることをはっきりと［患者に］見せ示すことは，被分析者に欠かせない安心を与えることなのです——さもないと，分析家が乳幼児期になじみの，水の流れないトイレのようであるという恐怖が，持ち上がってくることでしょう。結合した両親対象が彼らの夫婦の閨房（nuptial chamber）で神秘的な大人の性交をするという側面としての「下水・汚物処理システム」は，かくして，性器的そして口唇・口腔的な役割に加え，乳房の中の母乳が排泄物によって汚染されるのを防ぐという点で，乳幼児の空想において重要な役割を持っています。それはまた分析家の心のための必要不可欠な装置です。というのは，これがなければ分析家は責任の重荷に耐えかねて苛立ち，仕返しをしたり，乳幼児性欲によって誘惑されたりするかもしれません（Melzer, 1973, pp. 64-73; 1992, pp. 61-67）。

　その間に，ビオンの，母親の夢想——乳幼児によってコンテイナーとして知覚されるのですが——という概念が，姿を現しつつありました。コンテイナーは，［母親によって］受け止められた排泄された諸原初的考え——「ベータ要素群」——に「アルファ機能」を作動させ，そしてそれらに微妙に修正を加えます。その結果として，今や「アルファ要素群」という用語で呼ばれる諸思考が「考えることができるもの」になります。ベータ要素群がアンビバレンスについて考えるために使用でき，そして知識欲が愛と憎しみの経験に付け加えられうるのです（LHK）。しかしながら，パーソナリティは分裂していて，その一部分は，避けられない抑うつ的な痛みを我慢することを嫌がります。このパーソナリティの負の部分は，「アルファ機能」を逆転させて作動させ，抑うつ的な痛みを生む考えることを回避しようと躍起になります。もしそれが功を奏すると，半壊状態の諸思考から構成された「奇怪な対象群」という形の排泄へと導かれます。ここで消化管モデルが複雑な形で戻ってきます。未消化だったり，半分消化されただけの諸思考からなる排泄された断片群は，原始心性的，精神身体病〔心身症〕的な疾患や幻覚，そして象徴的思考能力の欠如に導くかもしれ

ません（Bion, 1962）。

　心のトイレット機能は分析の中において，さまざまな段階で，さまざまな形で現れます。しかし総じていえばその結果は，原初的な形では迫害的（妄想－分裂的）であり，より成熟した形では抑うつ的であります。

＊　＊　＊

　分析を始めてまもない，ある抑うつ的な中年女性は，両親が共に病気の末期にありましたが，分析経験に身を委ねようともがいていました。彼女は，面接後近くの緑地公園を歩きながら考えごとをしたいと思うと，いつも必ず排便したいという抑え難い要求にかられ，茂みに隠れて事に及んでしまうことを，多少の驚きを持って報告しました。私たちが，排便と負の思考でセッションの雰囲気を汚染してしまうのではないかという彼女の恐怖との間の関連について話し合った時，彼女は自分の子どもたちに読んでやっている怒れるアーサー王の物語を思い出しました。アーサー王は怒りで世界を破壊しますが，結局何に怒っていたか思い出せません。

　待合室に備えられているトイレを使用することについての不安は，排便と「便器」分析家からの報復という乳幼児的恐怖との間のつながりの証です。

　分析の早期に，ある患者は，彼女がトイレを使用している間，分析家に盗み聞きされているという空想を持ちました。これは，彼女がセッション終了時の不安を報告した時期に当たりました。その不安とは，ひとりのギャングが，彼女が面接室を離れるや彼女を攻撃しようと待ち構えているというもの——すなわち，分析に依存するようになることを受け入れることについての彼女の陰性感情の人物化——でした。その後，こうした迫害的な空想は，夢の以下の部分に現れました——

　　「私は面接室を後にした時，通りに黒人男性の姿を見かけました。すると彼は私が人種差別をしていると非難して逆襲してきました」

　こうした心理学的問題は，乳幼児期に，赤ん坊が生まれ出ていくその世界に

第 4 章

ついて考えることの困難さと共に始まります。もし優勢な空想がエディプス的なもの——父親を迂回するか排除するかして，そして［母親の］内部に住み着くこと——であれば，そうした場合には排除された父親や寄生された母親との同一化が起きてきます。一方，「乳房の元で」その外側において生活することは，自分が排除されるという乳幼児の恐怖と結びついています。

　この行き詰まり——メルツァーによって「抑うつポジションの峠（threshold）」（Meltzer, 1967）と命名されている——からの移行は，妄想・分裂的感情が抑うつ的なものと交替したり，躁的防衛が問題の存在を否認しようとするものであり，しばしば長きにわたる格闘になります。

　ある知的な独身女性——その症状には過敏性大腸炎が含まれていましたが——の分析は，抑うつポジションの峠で凪の状態に入りました。私は，そのため分析の中断を提案しました（Meltzer, 1968）。引き続きなされた話し合いの中で，熟考すべきものとして，乱雑さ（messy）という問題が浮かび上がってきました。彼女が両親の家を訪れた際に，母親の抗議や父親のからかいにもかかわらず，両親の家の台所を手際よくきれいに片付けるという出来事がありました。いまや，行き詰まりという概念が，成功か失敗かはっきりと線引きすることではむしろなく，「乱雑である」という範疇に入ることが明らかとなりました。ある日，その患者は待合室に靴を置いていきました。理由は彼女曰く「臭いにおいがする」からでした。私は，彼女の前日の夢の要点を私が取り違えやしないかと彼女が心配していると感じました。その夢の中で「彼女は孤独から避難しようと教会の中に行きましたが，祭壇に立っている躁状態の司祭に吐き気を催しただけでした」。私をもっと助けようとするかのように，彼女は「乱雑さ（messy）」には隠された語呂合わせ「Messe」——英語のミサ（Mass）にあたるフランス語——があると指摘しました。

　抑うつポジションの峠で凪に入った分析の中断には，もし被分析者の協力を得なくてはならないならば当然のことですが，十分な説明と準備が求められます。セッションの頻度を——このケースでは3週間に1回へと——減らすこの数週間の準備期間において，彼女の気分は外での不安や孤独と，冒瀆への恐れ——内的な家族の秘密に侵入すること——との間で揺れ動きました。外側にも内側にもこの時点で安心感を提供してくれる場所はありませんでした。

行き詰まりが将来解決されることへの希望は，倒錯的な切断の夢——彼女に恐怖を与えたのですが——に現れ出ました。彼女は，精神病の男と共謀して足を切断する外科医の話を読んで知っていました。これにより，彼女のこれまでスプリット・オフされていた心の領域へと迫る道が開かれました。そこでは，母親の心／乳房からの分離が身体的切断として経験され，報復的で倒錯的な「手術（operations）」〔アルファ機能の逆転した作動（operations）も意味する〕が，良い対象に対して，自己の精神病的な部分によって危害を加えていました。この患者の良い対象という神盾（aegis）の保護の外でのこうした切断は，分析の良い終結への希望を否定しているようにみえました。彼女はユーゴスラビアで当時起きていた戦争の野蛮で残酷な行為について「自分の心を変えさせることはできないこと」や，当時行く先々で彼女が浮浪者やルーマニアの避難民にどのように言い寄られたかということについて語りました。これは，私の考えでは，ビオンの逆転したアルファ機能の描写に驚くほどよく一致しました。アルファ機能が逆転した場合，諸前概念を形成中の諸原初的思考は，心の中の精神病的要素によって攻撃されて奇怪な対象群を作り出します（Bion, 1962）。

　その後の彼女の思慮深さは実り豊かなものでした。彼女の絶望感は，ある週末の夢の中で様変わりしようとしていました。その夢の中で「二人の幼い子どもの手を握ったまま，彼女は彼らとともに地面にあいた穴の中へと落ちて，そこで身動きが取れなくなってしまいました」。彼女の大人の部分が，彼女の心の状態に対する責任を担い続けていないことの証拠は，その週末の夢によって確認されました。その夢の中で，「彼女の母親は日曜日のバーベキューパーティーに使用されるバーベキュー料理を運ぶのに疲れ，お皿を，看護婦や修道女の被り物のように，山登りの準備をしている彼女の頭の上に置きました」。この夢の含意は明白でした。さらなる前進は今や，彼女が母親／分析家抜きで，彼女の心に対する責任という重荷を引き継ぐことにかかっていました。

　パーソナリティのスプリット・オフされた部分の統合は，排泄とは反対の過程であり，この過程が今や議題にのせられる機会が，猫についての話し合いのなかで訪れました。患者は，熱狂的な愛猫家だったのですが，自分がある休日に，肋骨が浮き出た，明らかに空腹な野良猫にピクニックテーブルからパンのかけらを投げてやった出来事を思い出しました。一緒にいた彼女の友人は，そ

第4章

れはそうした哀れな生き物たちをさらに呼び寄せるだけだと抗議しました——彼女は要求がましい難民との遭遇を思い出しました。被分析者は抗議しました——「でも猫は肉食類でしょう——パンを食べるってことは，彼らがすごくお腹を空かしているってことよ！」。この栄養のために心／乳房に依存することに関する二つに引き裂かれた感情(2)の証拠が，辛辣さを加えられて次の日に示されました。彼女は，動脈瘤をパラシュートシルクを用いて修復する手術を受けた知人に会いました。私は彼女の体がそれを拒絶する危険性があることを考えたでしょうか(3)？　私がこのことと心／乳房に対するアンビバレンスの関連性について考えている間，彼女はロビン（Robin）という名の男——親友の夫——とも会ったと続けました。

　相談室の近くで人懐っこいコマドリ（robin redbreast）を頻繁に目にすることは，彼女の分析や分析家への親しみの感情の象徴となっていました。「コマドリは分析家ですね」と私が伝えると彼女は同意しました。問題の核心——両親対象を攻撃せず，責任を引き受け，抑うつに耐えるための好機——へと触手を伸ばしてきたのが，コマドリに向けられた猫の肉食特性です。

　面接回数を減らしていた期間の間に，彼女の生活において劇的な変化があり，そして数カ月後，セッションは再度増やされました。増えたセッション中のある日，彼女はかつての恋人の夢を見ました。彼女は彼が去ったとき，いつもの自分とは違って，彼の贈り物——テラコッタの壺——を壊さなかったことに気づきました。次のセッションで，彼女はまず胃けいれん——過敏性大腸炎によくある症状——が戻ってきたことを話し，続いて紹介されたある男性に向けられた温かい感情をつぶさに情熱を込めて描写しました。彼女は，彼に向けた親しみの感情が分析家に向けた親しみの感情と似ていることを認めました。この彼女の新しい友人は詩を書くことに関心を持っていて，彼女に「弱強五歩格(4)」について手紙を書きました。彼女は再び恋に落ちたことや，知らず知らずのうちに彼の感情を害しているかもしれない，と疑うパニックについて話しました。私は彼女に，不満があったにもかかわらず粉々にしなかった壺について思い出させました。彼女は，少し涙を流し，そして壺には平らな蓋がついていて，その壺は，「修道女」という名で菓子店に売られている小さな丸いクリームケーキの形をしていた，と言い，「修道女」といわれるのは，ケーキ側面の盛り上

がったクリームが修道女の被り物の白い翼状部分のようだからだ、と言いました（修道女に関する以前の夢を参照）。私は詩脚（metrical feet）とその小さなクリームケーキが正の発展であり、その負の発展が祭壇でミサを行っている司祭の足（feet）であったと考えないわけにはいきませんでした。彼女は「弱強五音格」への関心が知識の新しい世界を開き、それが彼女に関心を向けられることを待ちわびている多くのもののまさにひとつであることに同意しました。「でも、もしかしたら」という彼女の頭の中の声が、「それは愛でなく恋狂いなんじゃないの」とからかいました。私たちは−Kの羨望の声だということで一致しました。彼女の分析への愛は本物になったのでした。

　心の中の倒錯的構造についての、恥と恐怖の最大の領域と最大の悲観主義は、内的両親の性交の「トイレット機能」が圧倒されるだろうという、また心／乳房が破壊物の残骸で溢れてしまうだろうという確信から訪れます。疑いなく、多くの栄養障害はこの問題に遡ります。しかし乳幼児は、〔内的両親の性交が〕精神身体病〔心身症〕的トイレット機能状態にあっても、それに引き続いて、乳幼児がたとえ分離によって欲求不満にあっても、「壺を壊すのではなく」、それを内的に−LHKから守れるほど十分な理解を示してくれる心／乳房が提供されるというサイクルを繰り返し経験することで、〔破壊的にならず、欲求不満に耐えながら、対象を守ることを〕学びうるのです。

討論

Q：この女性は、猫に対する二つに引き裂かれた態度に無自覚だったのですか？

A：私はむしろ、彼女は抑うつ的推論に耐えられなかったと考えます。彼女自身の抑うつ的疾患は、一部は飢えた猫——つまり心／乳房からの「アルファ機能」に飢えた猫——との彼女の同一化に、そして一部は犠牲者としてのコマドリとの同一化に基づいていました。彼女の、分析という栄養を受け取りたいという〔迫害的な抑うつ的推論に勝る〕熱心な関心と能力は、彼女のなかのこうした二つの領域が〔分析を通して得られる〕洞察から有益なものを獲得する力のある証です。

第 4 章

Q：カタルシス，未消化の諸思考の排泄と，結果として起きた統合との関係について，もう少しお話ししてくれませんか？

A：抑うつ的な痛みを生み出すパーソナリティ部分を取り除くという防衛機制――カタルシスはこの側面を持っています――について，私たちは話し合っています。スプリッティングや投影同一化に関係する部分――それをビオンのコンテイナー／コンテインド機制から区別するために「侵入性同一化」と呼ぶのが最善です（Meltzer, 1982）――は，外的現実の中では，別のもうひとりの個人のパーソナリティへと入り込み，入り込まれたパーソナリティは嫌悪されますが，避けたり支配することはできますし，内的現実の中では，それは〔内的〕両親対象へと入り込むと感じられます。統合とは，排泄された部分を，それを自分自身のものとして承認し，それに対する責任を取り戻しながら，その受け手から引き出すことを意味します。

Q：あなたが「パーソナリティの一部分」について話すとき，そのことには「自己の一部分」以上のものが含まれていますか？

A：私は，それは自己の部分と対にされた対象の部分を含んでいる，そう考えるのが役立つことに気づいています。自己のその部分に見合った「世界観」を，と言った方がもっとはっきりするでしょう。興味深いことに，ビオンは排泄された要素群を奇怪なものとして記述しながら，それらを自己，対象，超自我の諸欠片からなる一凝塊として描写しました（第 6 章，86 頁を参照）。

Q：これは，分析家からの報復への恐怖や逆転移とのつながりと関連がありますか？

A：パーソナリティの一部の分析家への投影は，分析家を苛立たせ，そのために分析家が平静さや明晰さを失って「叩き返してくる」かもしれないと感じられます。そうした場合には，分析家の思考のための包容力や分析家のコンテイナーとしての機能は失われます。さらに，時には，分析家が考えていることは見え見えといった妄想的確信――「私はあなたが……と考えているのはわかっています」等――さえ生じます。必ずしも何が起こっているのか正確に追うことができる必要はありません，夢の報告がない場合には特にそうですが，患者の抑うつに長期間にわたって耐えることができるかという問題があります。しかしながら，私は，内的対象と外的対象の違いについてもっ

と言うべきことがあると考えています。私が今言っていることは全て，被分析者と外的人物としての分析家との転移・逆転移関係を示しています。しかし，スプリッティングと侵入性同一化の過程が，諸内的両親対象の本来の状態に影響を及ぼすと考えられ，その結果として諸内的両親対象は退廃し，より自我理想ではなくなり，もっと超自我――すなわち報復的なもの――となります。事実，二重の帰結があります。乳幼児的自己がそれ自身を内的な両親対象の内部の「寄生体」として定着させると，後者〔内的両親対象〕はさらに子どもっぽくなります，すなわちその自我理想的性質を断念し，超自我的性質に譲り渡します。他方自己を晦ました部分は偽物――子どもが大人としてまかり通ったり，大人の「ふりをしている」――の感じがします。これは，全ての人が「同じ」であるという唯我論的世界観――大人はおらず，「まがいもの」の中には他の「まがいもの」よりもほんものらしく見えるものがいるだけである――に導く機制です。ここにはあらゆる形式の偏見――民族的，宗教的，人種的，性的等々――との関連性もあります。どの形式においても，異議が唱えられるのは，知覚されそして憎悪される「品行の悪い子ども」の特性――あくどい，不正直，欲張り，乱暴，気障など――に対してです。真に意味ある概念は，心の大人状態と子ども状態との区別――前者は統合されているが，後者は統合を欠いたバラバラの状態――です。傷ついた内的対象が回復する過程が精神分析過程の核心です。良い対象の内在化は，自我理想として機能する能力を回復していく方向に内的状態を修正します（Meltzer, 1992）。

Q：私は，リビドーの前性器段階という考えには，発達がそこで固着して，そのために性器期のエディプス・コンプレックスが達成されない，という意味合いがあると理解しています。そのことが，クラインによる早期不安や良い乳房と悪い乳房へのスプリッティングという防衛といった概念になりました。そうした考えは，内在化や排泄のシステムとの関係で，ビオンとどのように適合するのでしょうか？

A：ビオンの理論は，それが感情について考える能力の成長と関係しているという意味で，フロイトとクラインの上に重ね合わされています。彼が取った一つの重要な措置は，アンビバレンスの意味合いを，両親カップルや乳房－

第 4 章

と – 乳首〔「 – と – 」という表記は，両者が一体となったユニット状態で現前していることを表している〕に向けられた愛情と憎悪との混合物から，考えることへのアンビバレンスへの移動でした。彼は，愛情と憎しみを学んだり理解したりしたいという欲求や，考えるための装置が良い対象の考える能力――心／乳房――の内在化を通じて段階的に形成されることを表すために，LHK という文字を使っています。これは，パーソナリティの別の部分によって対抗されます。マインドレス，実利主義，皮肉といった言葉は，心のこうした状態（ – LHK）の側面でありますが，しかし精神病的障害では，考えるために使用することができず「排泄される」だけの「奇怪な対象群」が形成されます。マイナス・サインは，排泄が，幻覚や感覚器官の方向の逆転になるか，あるいは精神身体病〔心身症〕的疾患における「身体組織（tissues）の中へ」になるかの，いずれかを表示します(6)。

Q：患者からの長引く敵意，または長引く抑うつであっても，それを経験した場合に，たとえば児童分析で子どもに攻撃された場合に，そのセッションを打ち切ることでささやかな報復をする，ということをしないようにすることは，実際のところできるのでしょうか？

A：大人に関する限りは，セッションを止めてしまうような行動に訴えることはためらわれます。たとえ分析の雰囲気があからさまに妨害されていることが明白だったとしてもです。精神分析，とりわけ個人分析における訓練の基礎は，起こっていることについて，できるだけ報復することなしに，考える能力を発達させることです。それにもかかわらず，被分析者は，分析家がある日苛立ったり，辛抱し切れなくなる可能性について，心配し続けます。これは，「審美的葛藤」――たとえ外的には，対象が安心感を与えるほどに平静で思慮深くあり，そして経験が感情的に心動かされるものであり，真実に溢れ美しくさえあったとしても，内的な私的思考は確実には知り得ないという不安――の一側面です。しかし，子どもに関しては，寛大さが過ぎると，罪悪感を募らせて，結果として仕返しがいざやってくるかもという段になると暴力的になってしまうという懸念を生み出すだけであることを考慮すべきです。

Q：分離不安は防衛されるべき痛みである，という基礎的な概念がそこにはな

いのでしょうか？
A：いいえ，あります。しかし，状況は，審美的葛藤や地理的混乱という概念によって，さらに複雑なものになっています。メルツァーは，（クラインに反対して）抑うつポジションを，妄想・分裂ポジションの前に置き，そして後者を，母親の身体の外側に「現前すること」および彼女の顔と「心／乳房」の美しさから，彼女の（乳房や性器や直腸の）内部への防衛的な退却，という観点から記述しています（Meltzer & Harris Williams, 1988, p.26）。その内部から抜け出すことへと向かう動きがあれば，不安は戻ってきます——ビオンの用語を使っていえば，破綻か突破か，です。病気や死の恐怖（心の病気や心の死への恐怖ですが，隠れた意味合いがあります，つまり，狂気です）は，不安に対する乳幼児的自己における暴力的な心理学的反応と，直接的に関連します。

これは，核爆発，荒廃した田舎，死傷者で溢れた病院，といった悪夢の中に現れるかもしれません。これは意識的には，分析家が［患者から向けられた暴力的な攻撃の］「爆発」の中で内的に傷つけられるに伴い，患者のパーソナリティのある部分から分析過程に向けられる極度の嫌悪感として経験されます。しかしながらそこには，患者のパーソナリティのスプリッティングによる他の部分，分析家が依然としてよく機能し続けているかどうか傾聴したり，思考したり，気づいたりして，希望が取り戻し得るかを見ている部分が残っています。心気症の起源は死傷者との同一化です。たとえば，私はある患者に非常に感銘を受けました。その患者は長期間にわたって，不満を置くための余地がない，彼女は両親に見えない存在のようだといった感情を訴え続けました。彼女が最終的に言ったことは，母親から離婚された父親が家族生活から「押し出されて」しまったと彼女が感じていることでした。ここで指し示されていることは，内的父親への肛門的に表現されたエディプス的敵意と彼への同一化です。

Q：それが哀れなブロイアーに起こったことだと思いますか？
A：彼は精神分析の世界から押し出されましたが，精神分析の歴史の中で，敗北を喫した英雄としての役割を保っています。
Q：あなたは，「トイレット機能」が「カタルシス」とは異なっている，なぜ

第 4 章

なら前者は，対象が圧倒されることを防止するための心理学的な「下水・汚物処理システム」の必要性を承知しているからである，と述べられました。これは，メラニー・クラインの考え，乳幼児が，対象が傷ついていて，償い——たとえば彼女が「償い」と「躁的償い」について書いているときの償いですが——の必要性があると認めたときに，抑うつポジションが生じることと，どのように関連しているのでしょうか？

A：これは，長い年月をかけて進展してきた問題です。フロイトは，両親の結婚（内的現実では，結合した対象）への無意識の敵意が，罪悪感や，自我の愛する能力についての強迫的な猜疑心になるし，攻撃がもっと強い場合には，傷ついた対象との同一化——「その影が自我に落ちる」のですが——を経由した抑うつ的疾患になる，としました。クラインは，子どもがおもちゃを壊すとき，そこには，彼らがそれを修復する技術を欠いていることについての絶望があるかもしれない，と理解しました。大人が寄り添いうまくそれを修復してやるとき，そこには感謝と賞賛，おそらく羨望もあるでしょう。ときには，子どもが，そんなことなんて自分でできると言い張り，そしてそれを下手にしてしまうことがあります。それが躁的修復にあたるでしょう。私たちは，「躁的防衛」が内的現実の否認の総称であるという状況について議論していますが，そこにはエディプス葛藤による内的結合対象への損傷も含まれ，それは夢生活の中でのみ納得できるように説明することができるものです。要点は，この種の損傷が，そのまさに性質上，自己の修復能力を超えていることです。乳幼児的自己の貢献は，内的父親と母親を支配することを放棄することであり，その結果として，彼らは乳幼児の心の中，夫婦の閨房の中で一緒になり，そして性交を通じて互いを修復し合うことができるようになります。これはきっと世界中の家庭で繰り広げられている光景です。母親は昼間のおむつ交換や食事の世話で疲れ果ててしまいますが，夜が訪れ，父親が外の世界の仕事から帰宅すると，子どもたちはベッドに寝かされ，そして夫婦は彼らの「夫婦の閨房」の秘事に就くのです。

Q：それは，性交や愛の営みについての，むしろ陰うつな見方ではないのでしょうか？

A：直腸－膣の混同から生じた，（大便である）ペニスが道具というよりも武

器になる，サド‐マゾヒスティックな見方ほどには，陰うつではありません。男性と女性の性器——リンガとヨーニ——は，ヒンズー教寺院で慈悲深い神として崇拝されています。あらゆる宗教における報復する男性と女性の神々は，自我理想というよりはむしろ超自我であり，おそらく肛門‐膣の混同に，その原初的起源を有しているのでしょう。思い出してください，私たちは，乳幼児の空想について提案され，実践において価値あることが分かった考えについて，話し合っているのです。それは，性交が一種の仕事であることをまさに意味しています。乳幼児の空想の中では，父親のペニスは，おむつ交換によって母親の直腸に溜まった大便を一掃し，精液は卵子を受精させ，内部の赤ん坊たちに養分を与え，乳房に母乳を補給するものとして機能します。それは性交を夫婦が互いに奉仕し合っているとみなす考えですが，その中には喜びがあり，そのことは乳幼児によってしぶしぶ認められる最後のものなのです。

訳注
(1) Aegis. 中央にゴルゴンの頭の飾りがついている盾。ゴルゴンを直視した者は石になってしまうが，ゴルゴンの飾りのある盾は，ゴルゴンのような魔物の魔力に打ち勝つ魔よけとなる。
(2) 心の成長の糧を得るために心／乳房に依存したいという良性の感情と，カニバリズム的な心／乳房への口腔的な攻撃的な悪感情や犠牲者への過剰な愛他的同情という迫害的な色合いを帯びた抑うつ的同一化による悪性の感情との二つに引き裂かれた感情。
(3) 補足訳——私は，彼女のその知人への言及が，パラシュートシルクに対して生体が異物として拒絶反応を示す恐れがあるように，彼女の心を修復するために治療者へ依存することを拒否する危険性を暗示しているかもしれないことを，考えたでしょうか？
(4) 英語詩やドイツ語詩で最も一般的に用いられる韻律の一つで，五つの連続した弱強格で一行を構成する。シェイクスピアが代表的。
(5) 詩句の強弱のリズム。
(6) 感覚器官は本来は排泄器官ではなく，外界や内界（心）からの刺激をキャッチして情報を取り入れる期間であるが，アルファ機能が逆転すると感覚器官も排泄器官へと逆転し，そして刺激・対象が外界へと投影・排泄されると幻覚を生じさせたり，刺激・対象が自己の身体組織へと投影・排泄されると精神身体病〔心身症〕を生じさせたりする。
(7) サンスクリット語で lingam が男根，yoni が膣。

第 5 章

人魚とセイレーンたち

　ここに記述された一連の夢は，地理的混乱のテーマや，問題を解決した後のパーソナリティの構造の改善を例証しています。

* * *

　その被分析者は見た目には元気でした。しかし自分の人生が進んでいく方向に意味を見失っていることが彼女には不満でした。彼女は自分を人魚になぞらえていました。陸地の人間を見ることができても，人間たちに手が届かないのでした。こうした考えが頭をよぎったのは，ある家族の結婚式で，スパンコール・ドレスを全身にまとった，ひとりの優雅で小柄な若い女性に注意を奪われたときでした。40歳を迎えようとしていた彼女は，自分のことを，人間になって陸地で生活したいのかもしれないが，しかし水の生活環境と彼女の陰気で無性の世界観に閉じ込められた動物として語りました。彼女の安らぎの場の感覚は，ある同好の友人たちのグループへの同一化に由来していました。けれども彼女の夢生活から得られた証拠から，彼女の子どもの部分が内部の世界に住んでおり，それは内的な母親対象の内部であり，彼女を救出しようという試みは外部の世界に対する臆病さによって挫折を強いられていたことがわかってき

第 5 章

ました。

　このあと，私は，ハンス・クリスチャン・アンデルセンの『リトル・マーメイド』——その有名な生き写しが，コペンハーゲンの港の岩の上に，憂いに沈んだ思春期の姿で座しています——の物語にあらためて目を通しました。物語では，15歳の誕生日に彼女は海の表面に出ることができ，上にある世界を見ることができました。嵐が吹き荒れ，彼女は難破した船にいたひとりの王子を助け出し，安全な海岸まで泳いで連れて行きます。王子は感謝しますが，彼には王女と結婚する予定があります。リトル・マーメイドはすっかり気が動転し，海のわが家に帰ります。彼女は海底の魔女に出会い，魔女からナイフと陸上を歩く能力を授けられます。王子の婚礼の夜に彼を殺すことができるようにです。しかしその瞬間が到来したときに彼女にはそれができず，それからずっと彼女は，人魚としてではありますが，申し分なく幸せに暮らします。

　私がこの話をイタリア人の聴衆向けに準備していたとき，イタリア語で「マーメイド」を何と言うのか調べました。それは「シレーナ（sirena）」です——英語の「マーメイド」と英語の「セイレーン（siren）」とは互いに区別できません。けれどもセイレーンたちはシチリア人ですし，デンマーク人ではないのです。彼女たちは，女性の半身と鳥の半身を持ち，生まれながらにしてうっとりさせる歌を歌うことができます。ホメロスの『オデュッセイア』の中では，彼女たちはスキュラ(1)とカリュブディス(2)の近くの島に住んでいます。船乗りたちは彼女たちの歌に魅惑されて身を滅ぼし，そのためそこには腐乱した死骸が山をなした牧草地があります。

　　セイレーンたちの歌声をうっかり間近で聞いて惹きつけられてしまった男に故郷に帰れる者はいない。妻の歓待もなければ，父親の帰還で幼い子どもたちが顔を輝かせることもない。歌声の妙なる調べで，セイレーンたちが，牧草地に座したまま，呪文を掛けたからである。牧草地は，男たちの朽ちた骸骨のうず高き山となり，骨には，いまだ男たちのしなびた皮膚がぶら下がっている。

　どちらの物語にもエディプス的注釈を担わせることは困難です。けれども人魚の話と違って，セイレーンたちは父親たちや夫たちに対してまったく情け容

赦がありません。私の患者はセイレーンではありませんでした。彼女の疑いようのない魅力は沈黙させられていて，彼女はまったく化粧品を使いませんでした。彼女の意気消沈した青春時代に，彼女は二人の少女たちと永続する友情を形作っていて，この「自助グループ」の中にセイレーンの要素があると私は考えました。

　［この時点でセミナー参加者からいくつか質問があった。
Ｑ：自助グループとは「自己認知」グループと関係がありますか？　例えば薬物中毒への援助のためのものとかと。イタリアではあまねく広がっている現象です。
Ａ：私は彼女たちのパーソナリティの構造を，対象関係に対立的な，自己愛的なものだと考えています。つまり，両親に依存するよりも同胞で援助し合うといった意味です。
Ｑ：このような多くのグループが，妊娠や避妊や中絶などと関連する問題に心を奪われている女性たちによって構成されていますが。
Ａ：この自助グループはフェミニズムの方向性を持っています。病院においてだったり，教会においてだったり，法曹界だったり，もちろん精神分析においても，対立する男性と戦うのです。私は多くの歳月をかけて彼女との共同作業の中で，自助グループは，対象依存的というよりもむしろ自己愛的であるので，彼女の世界観に浸み込んでいる悲観論や自己非難について責任があることを話し合ってきました。］

＊　＊　＊

　彼女の母親は――彼女の他にも子どもたちを矢継ぎ早に産んでいたのですが――彼女は赤ん坊のころ，抱っこされるまでいつも泣いていた，と彼女に話していました。彼女は７歳のときに抑うつある悪夢――世界の終りの夢――の出来事を経験しました――

　「それはあたかも世界の終り，雷鳴轟く荒れ模様の空のようでした。母は炭置き用の穴蔵に閉じ込められていましたが，気にしていないようでした。父は

61

第 5 章

台所にいて,私は父に母を助けてと懇願しました。しかし父は自分にはそうするだけの力がないと言いました。──それはなるべくしてなったのでした」

当時彼女には精神的にも身体的にも破綻が起こっていました。彼女の鼻の周囲の腫れ物やかさぶたが彼女の悲惨さをいや増していました。彼女は通りを下って行ったところに住む少女に,自分が母親から虐待を受けていると秘密を打ち明けたようであり,彼女の兄は父親が母親に性的虐待をしていると仄めかしたように思えました。実際には,父親が受動的であることに関する夢も,性的問題の両親への投影も,現在までうまく行っている両親の結婚の真実ではありませんでした。

その後,修道院学校で,彼女は宗教の無意味さを見出し,彼女の兄の説教に異論を唱えました──当時兄は聖職者を天職と考えていたのです。精神分析によって「救われたい」という彼女の期待は,これと同じ懐疑主義に曝されました。

大学卒業後,彼女の関心は「自助」グループにしぼられ,それは彼女にコンテインされている感覚と安心感を与えてくれました。彼女はある援助職の仕事を始め,そこでは彼女の誠実さや勤勉さが真価を発揮しました。けれども彼女の責任が増し,自分をあざ笑うような徒労感が彼女の考えを混乱させました。「あなたは仕事なんかしてないわ。ただ良い子なだけ」とか「あなたは修道女失格者よ」と。この内なる声はまた,彼女の苦境への心配を和らげました。「私のことは心配要らないのよ。それよりほかの子どもたちの世話をしなさい」と。こうした声は,内的な「自助グループ」による,彼女の成熟に向けた発展をうながすのと反対の声でした。

次は分析の最初の数カ月の頃に見られた夢です──

「私は暗闇の中を進み,大きな屋敷の戸口の登り段に近づいていました。いまやそこはオフィスに変わり,友人のマリーが働いています。登り段の上にはひとつのプラスティックのフォルダーがあり,その中には明るい黄色の布地の切れ端がいくつか収められていました。私はそれらを誰かに手渡すことになっていました」

マリーは，その自助グループのメンバーですが，資格を持った人がうまく見つからないので，仕事で誰かを「監督するふり」をしてくれないかと彼女に依頼していたのでした。その布地は，彼女が色んな布地の見本から剝がしたものを素材にしたパッチワークの座布団を彼女に思い起こさせます。彼女はそれらをどこで手に入れるのでしょう？　彼女は笑いました。「〔素性の知れない〕盗品なの」。彼女はそれらを彼女のミシンで縫い合わせます。そのミシンの製造会社名は「ブラザー（Brother）」です。
　そのパッチワークの座布団は，分析のカウチの枕と内的な母親の心／乳房の両者の代わりとしての，自助的代用品のように思えました。座布団は，彼女の乳幼児的お尻と，子ども時代の兄への，また現在における自助グループという「偽装された監督」や彼女の「超自我」（内的な嘲りの声）へのマゾヒスティックな服従の，両者につながります。
　彼女は小さな賃貸の家具付きフラットに独りで住んでいましたので，玄関の呼び鈴が彼女のためのものではないと思うことができました〔フラットは一つの玄関を共用する集合住居なので〕。彼女は，内的閉所に住んでいました。そこでは，彼女は，〔自給自足状態への〕自己愛性同一化によって，両親の関心から「保護」され，〔呼び鈴は自分のためのものではないという〕「基底的想定」によって，耳の中で鳴り響く分析過程に反応する必要はないと説き伏せられました。家具がまばらな彼女の部屋には，友人をもてなすためのものも，書き物ができる所もありませんでした。私は，彼女が「炭置き用の穴蔵の中でなにくわぬ顔をしている母親」と同一化し，分析的な父親はそれについてなにもしてくれないものと決め込んでいる，と思いました。
　私たちは，彼女の外的な自助グループからの，そして内的現実においてはパッチワークの座布団のようなお尻からの，離脱の可能性について話し合いました。それは，少なくとも賃貸部屋からの引っ越しと彼女所有の住居のためのローンについて両親の援助を仰ぐことを意味していました。世界の終りの夢とその中の「なるべくしてなった」というプロパガンダに対して，応戦する必要がありました。
　私は彼女のグループからの正反対の助言を聞くようになりました。それはこ

第5章

んな内容です。彼女がしようとしているように，すぐにもロンドンの田舎に引っ越して持家を買うなど，無意味なことだと。彼女自身のフラットを購入することは，際限ない厄介ごとに巻き込まれ，両親に金の気苦労をかけ，家具のような所有物を手に入れる心配をし，庭の手入れという苦労を背負い込むことになるだけだと。それでも彼女は夢を持って私の所へ来続け，ぐずぐずと引き延ばされた抗議と啼泣の時期の間ずっと，夢を探求することを楽しみました。それによって私たちは，彼女の内的状況を監視することができました。

　ある結婚式で出会ったスパンコール・ドレスの若い女性のことを私が聞いたのも，「水の生活環境」から離れて乾いた陸地へと向かう人魚の抱える問題の話を聞いたのも，だいたいこの時期でした。水の環境では，彼女は，誰を気にするでもなく，誰に気にされるでもなく，自由気ままに浮かび漂っていられます。持家という重みがもつ引力は，歓迎されるものではありません。彼女は欲望を重荷──「欲望という鎖」──として経験します。しかしこうした負の時期は，彼女が参列した家族の結婚式のことについて遠回しに，再び言及する夢によって終わりました──

　　「私の母が私に一冊のパンフレットを贈ってくれました。それは結婚式の招待状に似ていて，青いリボンで括られ，中には一枚の透き通るような薄い紙が入っていました。それは勇気ある女性たちの名簿であり，聖女たちもいれば，文学，政治，科学の人たちもいました」

　彼女の連想は，子どもたちが独り立ちして家を出た後に，彼女の母親が子どもたちと連絡を保つためのやり方のひとつに結び付くものでした。それは彼女の手紙の中に，子どもたちが興味を示すような新聞や雑誌の切り抜きを同封するやり方です。子どもたちはそのやり方について母親をからかっていましたが，実は喜んでいましたし，母親の精神の活発さを誇らしく思っていました。彼女は母親に対しても分析家に対しても愛情の波の高まりを感じていました。その波は，招待状に源を発していて，結合した（結婚状態の）内的な両親対象との同一化を通して，力を結集していました。涙の夜がいまや，希望に満ちた昼と交代し合うようになりました。彼女は，ある政治家の妻が，森林保護をテーマ

にラジオ番組で話しているのを聞きました。彼女はその政治家の妻を，とりわけ，夫によって自分の影を薄くされるのを許していないという理由で，賞賛していました。彼女は子ども時代に聞いたプロヴァンスの羊飼いの物語を思い出しました。その羊飼いが不毛な土地にドングリを植樹すると，森林が育ち土地が蘇えったのでした。しかし彼女が彼女の計画や羊飼いの物語を自助グループに打ち明けたとき，彼女たちは，それが本当の事とは信じられない，なぜなら，そこにはドングリが生命を保つのに十分な量の降水が一度としてあった試しがないからだと応じました。

彼女が，真の問題は彼女の頭の中のセイレーンたちの声である，と私に警告したのはその時でした。彼女たちは言いました。「どうしてあなたはこれをやり続けるの？　あなたは今のままで問題ないじゃない。分析は良くないわ。あなたに必要なのはロボトミー(3)よ。どういうわけで，あなたは自分が特別な存在だと思うわけ？　第三世界にはもっとひどい問題を抱えた人たちがいるというのに，いったいどういうわけで全神経を，どうでもよい自分の問題なんかに集中させているの？　とにかく，きっとうまくいかないだろうし，すべては失敗に終わるでしょうよ！」

けれども，彼女が父親と話し父親が援助すると約束してくれた後に，助けとなる夢が到来しました。夢の中では，自助グループと分析との間の葛藤は明白でした──

「私が自分の部屋の片づけに取り掛かろうとしていた時にマリーが入ってきて，自分の目のメイクアップを気に入るかどうか聞いてきました。また，どうしていつも私がメイクアップをしないのか尋ねました。私は，結膜炎の問題を抱えていて，私の両目は涙で真っ赤なのだと言いました。そのときマリーは，私を動揺させるつもりはないけれど，私の枕が汚れていることに気がついているかと言いました。マリーは'私は，こう思うの，それはあなたが子どものころに虐待を受けていたからで，あなたの母親は孤児だったし，あなたの父親はあなたが小さい頃に亡くなったからよ。'私はこう答えました，'一体全体誰があなたにそうしたことを話したかはわからないけど，それは偏った一方的な話だわ……'」

第 5 章

　おそらくここにはパッチワークの座布団への言及が含まれているのでしょう。けれども彼女は続けました。「私が小さな少女だった頃に，とても気が沈んでしまって，眠っているときにいっぱい泣いたから，私の枕が汚れてしまったの。それが私なりのオネショのありようよ！」。いまでは彼女は下宿から実際に引っ越して自分自身の家を見つける段階に進み始めました。それから数週間後の夢です——

　「誰かが，女の子ですけど，私が書いている物語を見て，'あなたにはそれはできないわ。あなたって望みなしね，あなたにはロボトミーが必要よ。あなたには何の想像力もないし'と学校時代から私には馴染み深いやりかたであざ笑いました。そのとき私ははっきり理解しました，私は'自助グループ'の友人と私の新しい住居を共有しなければならないだろうし，そして友人はきっとそれをけなすだろうって。私はそこに大きな木製の箱を見つけました。それは私の父と母から与えられた整理ダンス（chest）でした。私はそのタンスに付いている複数の取っ手に神経質になったのでした。取っ手は堅牢でなく，まるで青い毛糸からできているみたいで，ほぐれてしまいそうでした。私は紐でできたショッピングバッグを思い出しました。私は笑われるんじゃないかと心配になりました。'それが，あなたの両親があなたにしてくれた最高のことなの？'ってね。それからそのタンスは棺に変わり，私はアイルランドにいて，二人の年老いた未婚女性たちと，そして荒っぽくて（rough）頑強な労働者たちと一緒でした。……」

　彼女は驚きをこめて付け加えました。「ちょうど，青い紐のバッグが，赤ん坊たちに授乳する私の母の，ふたつの乳房の表面にあった青い静脈を思い出させるって考えていたんです！」
　私たちは，夢の中の変化しつつあるイメージが，乳房についての諸々の考え——コンテイナーとしてのタンス（chest），心／乳房同様に質を悪化させていく乳房の脆弱性，離乳時での「乳房の死」（おそらく頑強な労働者・乳首と不毛な結合をしたまま年老いた未婚女性の心の空虚状態で表象されていると思わ

れる）——を象徴化していることを話し合いました。彼女は，その毛糸がネイビー・ブルー（navy blue）であり，彼女の父親はかつて海軍にいた——もうひとつのオデュッセウスとセイレーンたちとのつながり——（さらにおそらく結婚式の招待状の青いリボンともつながっている）と付け加えました。彼女は，前の女性セラピストとの治療経験と比較して，私が時々「荒っぽくて（rough）頑強な」ふうにも見えると述べました。

　自助グループが良い対象群に向ける軽蔑が明瞭なものとなりましたし，スプリッティングと，彼女自身の負の部分の自己が友人たちに投影される危険性もまた明瞭になりました。夢は彼女の心の危険性についての警告を含んでいます。結合した部分対象としての内的な母親対象と父親対象，取っ手と結合したタンス，乳首と結びついた乳房，それゆえの彼女自身の楽観主義と生命力，といったものに向けられた危険性です。

　私は彼女が，活発に楽しみながら，家具を選んだり，カーテンを縫ったり，植樹のための小さな庭を準備したりする話を聞くようになりました。そして，父親が彼女の家づくりを手伝うのを楽しみにしているだけでなく，両親がともに「彼女が結婚する場合に」備えていくらか貯蓄しているとの知らせを受けました。両親は彼女が今こそそれを受け取るべきだと決めたのでした。

討論

Q：驚いたことに，タンスが棺に変形されるんですね。友人たちの誹謗中傷によって母親の乳房は——両親の贈り物は——次第に質を悪化させて棺に変わる……。

Q：あなたは彼女の本当の自己を，つまり彼女の自我を良い人魚として捉え，そして彼女の自己の他の部分を，歌で魅了し海洋の島の骸骨でいっぱいの庭園に住んでいるセイレーンの集団として捉えているということですね？

A：はい。パッチワークの座布団の問題は，彼女の自己と彼女の諸対象が分裂していて，そして縫い合わされて一緒になることを暗示しています。セイレーンたちは「ギャング」の自己ですし自己愛的な同一化を示しています。ハンス・クリスチャン・アンデルセンの物語『リトル・マーメイド』は，不幸

第 5 章

であるがゆえに泣いているのですが，それは，彼女が愛する対象を死すべきものとすることを選ばずに，他に引き渡すことを選んだからなのです。ホメロスの物語のセイレーンたちは，『リトル・マーメイド』の物語の復讐心を持った魔女さながらです。……個人のパーソナリティは，パーソナリティの異なる部分同士の間の葛藤の結末を反映しますから，それが発展している間は，パーソナリティは，同一化の変転次第である極めて可変的なものであるのです。

Q：あなたが話してくれたことによると，彼女は自分の女らしさを十分に主張しません。それは彼女のうつ病のせいですか？　それは，受動的であるというフロイトの女性性に関する見解を私に思い出させます。これは，フェミニストから反対意見の出そうな精神分析のひとつの側面ですね。

A：はい，フロイトの誤りを訂正するには，さらに長い年月にわたる女性分析家による精神分析の発展が必要でした。最も有用な区別は，男性性と女性性の間のそれではなく，大人と子どもとの間のそれなのです。

Q：実際のところ，あなたが述べた自助グループは同性愛的ですか？

A：私の患者は，自分がむしろ無性であることに同意することでしょう。また次のことを行っている幼い女の子の複雑なパーソナリティの一側面があります。いわゆる，少年として父親を殺して母親の内部へと入るという，逆エディプス・コンプレックスです。少女は少年とは違うので，彼女自身の異性愛を発展させるために，母親の異性愛に自己同一化する必要があります。そしてそのことは，母親の父親との結婚を受け入れるということを意味します。

Q：しかし彼女はひとりのエレクトラ(4)でもありますよね？

A：最後の夢の中で，彼女がタンスを内面化させていくことがわかりますよね。そのタンスは，コンテイナー，その取っ手が，私が想像するに，乳首を象徴化している，結合した対象としてのコンテイナーです。だから彼女は，男性性と女性性の両方との同一化を通して彼女の異性愛を見出すことができるのです。

Q：そうしたことは，タンスを棺に変える，自助グループの自己愛的プロパガンダに，彼女が首尾よく抵抗することができるかどうかにかかっているのでしょうね？

A：棺は，もう少し先で問題になることと関連があります。つまり，分析の終結と「乳房の死」(Meltzer) との問題です。それはどの赤ん坊も離乳の時に経験することです。しかし，乳房は，次の赤ん坊に授乳するときには生命力を回復しているように見えます！

Q：どんなふうにして彼女はうつ病になったのか，もう少し話していただけますか？

A：それは彼女の悲観論によって示されていました。これは，世界の終りの夢の中での母親の状況に仄めかされている殉教と関係しています。彼女の頭の中のセイレーンたちの嘲笑の声は，女性性の魔術に立ち向かえないインポテンツな者として描かれた父親を良しとする，セイレーンたちの好みを表現しています。世界の終りの夢の中で，内的父親は，母親を救出できない不能なものとして描かれています。炭置き用の穴蔵は直腸の象徴化されたものであり，そして患者の元々の世界観は，閉所から見たものでした。

Q：私は，棺へと変化したタンスの夢と，そのタンスを結合した対象として概念化することだけではなく，それをコンテイナー——中身を持った箱——として概念化することにも感銘を受けました。結合した良い内的対象という概念の意味合いも受けられます。そうなると，それは，彼女がスプリッティングさせて他の者たちへと投影した被分析者のパーソナリティ部分——父親の部分を母親の部分から分離させること，取っ手をほどこうとすることを願う彼女の部分——である，と考えなければなりません。自助グループに帰属すると思われるもの，彼らの批判と嘲笑は，彼女自身の内にある，患者と分析家間の交流関係への嫉妬です。それは，母親－と－父親とのカップルに対すると同様に，母親と赤ん坊間の親密さに対するエディプス的我慢のならなさ——乳首－取っ手を持った乳房の元に赤ん坊がいるときの同胞たちの感情，についても言えます。

A：乳房の元に赤ん坊が現前することが，それに先立って両親の間に親密さがあった決定的な証拠です。

Q：ホメロスにおいて，ギリシャ的意味でのセイレーンたちが，ユリシーズ〔オデュッセイアの英語表記〕が妻の元に帰還すること——そこには彼らの間にもう一度親密さが生まれるという希望があるのですが——を妨害します。私に

第5章

　　は，この妨害が，私たちが話し合ってきた意味での，同性愛——母親の良い異性愛と同一化することができないこと，したがって穴蔵／閉所に留まること——の本質である，と思えます。

A：そうです，父親とは，心的現実における，ある種の産科医です。赤ん坊の出産，それが分娩されて，その結果として乳房への道が開け，排泄や食事の世話を受け始めることに責任があるのは彼ですし，そして部分対象水準では，彼はまた，赤ん坊が母親の内部へと再び入りこもうとすることの機先を制するために，「内部のペニス」として母親の体の開口部を護衛します。

Q：その考えは，彼女が原光景にも，乳房の元にいる赤ん坊にも，どんなに頑張っても耐えられなかったということですか？

A：人がその考えに耐えられるならば，人はそれに同一化できるかもしれません。そこには荒削りの（rough）正義があります。あなたがあなたの［心の中の結合した］内的両親に［することを］許せないこと，それをあなたはあなた自身に許すことはできません。人は，自分に想像することを許せるものとしか，同一化できないのです。

Q：私は，羨望——乳房とカップルとを破壊したい欲望——が絡んでいる，と感じました。彼女の抑うつは，彼女が自分の価値を貶めていることを意味します。自助グループにおけるような自己養育という代用品が，自己価値毀損を生むのです。

A：彼女の両目は涙で真っ赤です。——そこに人魚とセイレーンたちとの間の違いがあります。——前者は泣いていますし，後者は目に化粧を施しています。メラニー・クラインはこう指摘しています，「羨望（envy）」という言葉の語源は「見ること（looking）」に由来すると——すなわち，邪悪な目だと！私の患者の特徴は，羨望に満ちたからかいの目を前にした，彼女の抑うつ的な絶望感によって決定されていました。その「自己」が主としてセイレーンたちと同一化しているのならば——それは躁的パーソナリティ，おそらく色情狂を意味します——，結果は非常に異なります。

Q：「抑うつ」という言葉の二通りの使い方に混乱されている方もいらっしゃるかもしれません。一方にうつ病という疾患があり，他方にそれに代わる「抑うつポジション」という前進的発展を暗示する言葉があります。

A：その通りです。疾患としての抑うつは，内的対象の中の——たとえば，世界の終りの夢の中のような——苦しみ悩んでいる対象や死んだ対象との，同一化です。「抑うつポジション」は，メラニー・クラインによって創始された用語で，自分自身の心の内部の葛藤を責任を持って見張るという意味で，精神の健康を意味しています。——たとえば，自分自身の頭の中で討論し合っている複数の声に，意識的である状態です。ビオンは，思考が複雑さにおいても有用性においても成長できる，コンテイナーとしての内的対象の機能を強調しました。しかしそこに思考に対して敵対的で，マインドレスに行動することを好むパーソナリティ部分があることをも強調しています。

Q：私は，「抑うつ」という異なる二つの使い方ができる言葉の区別が，まだはっきりしません。

A：私たちは外的現実を記述するために形成された言葉を，乳幼児の心の中の仮説上の感情について推測するために用いなければならないのですが，ビオンは「専門用語」や「分析用語」に気をつけなければならないと注意を喚起しました。そうした言葉は，この分野における私たちの無知を覆い隠すのに役立つだけなのです。

Q：この被分析者についてのあなたの討論の中で，あなたは二つの文学的典型を引用しています——ハンス・クリスチャン・アンデルセンの物語とホメロスの『オデュッセイア』です。私は，精神分析と文学作品の中に描写されている人間の状況，その間の関係性に興味があります。——正真正銘の才能に恵まれた作家は，精神分析家ですよね？

A：そう思います——あなたはどんな作家を心に思い浮かべていらっしゃるのでしょうか。

Q：シェイクスピアはもちろん，トルストイのアンナ・カレーニナ……

Q：ダンテ……

［さまざまな国の文学についての複数の意見が述べられた。］

A：私は，文学以外の分野においてですら，真に創造的な芸術家はみんな精神分析家だと考えます。けれどもオデュッセウスは西洋人の心の中で並はずれた地位を占めているように思えます。古代ギリシャや古代ローマの文学は別としても，私はダンテの中で描写された彼の運命は有名であると承知してい

第 5 章

ます。彼は，シェイクスピア，ゲーテ，テニスン，そして多くの他のものにも，冒険心，勇敢，策略の鑑として登場しています。彼なくしていったい誰が木製の馬(6)を考え出したでしょう？　この馬こそ，トロイの陥落，アエネーアスの逃亡(7)，そしてローマとイタリアの建国へと導きました。そして彼は，20世紀の最も偉大な小説だとしばしば評される書物の中で，ふたたび輪廻回帰しました──ジェイムス・ジョイスの『ユリシーズ』です。レオポルド・ブルーム(8)はダブリンの通りを彷徨いながら，驚くほど変幻自在に変身します。しかし私は，さらにほかに二人の文学者について，精神分析家の権利を主張したいと思います。ひとりは，結婚式の文脈から，アメリカの女流作家であるカーソン・マッカラーズです。彼女は『結婚式のメンバー(9)』を書きました。思春期にある若い女性が，最愛の兄が結婚することになって思い悩む話です。──彼女は「結婚式のメンバー」に加わりたいと望み，「私の中の私たち」を見出すのです。そしてもうひとりは，イタリア人の作家であるピランデッロです。彼の『作者を探す六人の登場人物(10)』で，人が自分自身と他の者たちとの内的生活に注意を払おうと苦闘することに，私は常に，感極まりない感動を呼び覚まされるのです。

訳注
（1）Scylla. ギリシャ神話に登場する，もともとは美しい処女。魔女キルケに嫉妬され毒草でつくった薬を飲まされて，12の手脚と6の蛇の頭を持つ醜い怪物に変えられてしまう。ホメロスの『オデュッセイア』では，絶壁の高い洞穴に棲んでいて，航海中の主人公オデュッセウスの船を襲い，彼の仲間を食い殺す。
（2）Charybdis. ギリシャ神話に登場する海の潮と見分けがつかない渦巻の怪物。ホメロスの『オデュッセイア』では，航海中のオデュッセウスを襲い，彼の残った仲間もろとも船を呑み込んでしまう。
（3）lobotomy. 脳白質切除術。かつて統合失調症に用いられていた外科的手術。脳の前頭葉白質の一部を破壊・切除して神経径路を遮断する方法。現在ではまったく用いられていない。
（4）Electra. トロイ戦争においてギリシャ軍の総大将だったアガメムノンの次女。戦争後にアガメムノンがミュケーナイに帰還し，自分の妻とその情夫に謀殺されると，エレクトラは弟のオレステスとともに復讐の策略をめぐらして，実母とその情夫を殺害する。転じて心理学では，男性のエディプス・コンプレックスに対応するものとして用いられ，少女が父親の男性性に同一化して母親を殺すエレクトラ・コンプレックスの語源になった。
（5）Odysseus. ホメロスの叙事詩『オデュッセイア』の主人公。この叙事詩はトロイ戦争の後日譚として語られ，武勇と智謀を兼ね備えたオデュッセウスが，ギリシャの神々の不興を買い，自分の領

土であるイタケに帰還するのを神々に妨害され，10年間にわたって地中海の国々を彷徨う物語である。イタケでは彼は既に死亡したとされ，彼の貞淑な妻ペネローペは数々の求婚を受けるが，彼女は拒み続け，息子のテレマコスと夫の帰還を待ち続ける。オデュッセウスは数々の冒険や死地に遭遇しながらもついにイタケへの生還を果たし，留守中にイタケの王位を簒奪しようとしていたペネローペの求婚者たちを殺害する。

（6）トロイ戦争の中に出てくる故事。ギリシャ軍は10年間にわたってトロイを攻撃し続けるが，堅固な城砦であるトロイはなかなか陥落しなかった。そこでギリシャ軍随一の智将であるオデュッセウスの策略で，大きな木製の馬を建造して内部に多くのギリシャ兵を潜ませて後に残し，ギリシャ軍は何も言わずに引き上げてしまう。トロイ側では木馬をどうするか逡巡するが，勝利したという歓呼の声とともにとうとう戦利品として城砦の中に持ち込んでしまう。祝宴のあとにトロイの民は眠り込み，木馬から出てきたギリシャ兵が城門を開け，侵入してきたギリシャ軍にトロイは滅ぼされる。

（7）Aeneas. トロイ戦争において，トロイ側の名将と謳われた英雄。トロイ陥落後に脱出して，数々の受難と苦闘のすえにイタリアに上陸し，ローマ建国の礎を築く。ローマ文学の白眉といわれるヴェルギリウスの叙事詩『アエネーアス』は，トロイ陥落から始まり，イタリア上陸後に土地の英雄トゥルヌスとの死闘と勝利で終わる彼の行状を綴ったものである。

（8）Leopold Bloom. アイルランドの小説家ジェイムス・ジョイスによって書かれた20世紀文学を代表する長編小説『ユリシーズ』の主人公。ホメロスの『オデュッセイア』が下敷きにされていて，各章ごとに『オデュッセイア』の登場人物たちの名前や地名が冠されている。1904年6月16日のダブリン市を舞台に，レオポルド・ブルームがダブリンの街をまるまる一日彷徨って帰宅するまでの物語である。彼は妻モリーとの間にもうけた長男の生後まもなくの死亡を契機に，妻との性的な交渉が困難になり，妻は愛人をつくっている。このように物語の設定において，オデュッセウスとレオポルド・ブルームとは互いに反転された関係にあるといえよう。

（9）『結婚式のメンバー *A member of the Wedding*』。マッカラーズのこの小説は，アメリカ南部のとある田舎町に住む12歳の少女フランキーを主人公にして，彼女の内面の展開に作家の想像力を集中させた作品。母親は早逝し父親は時計屋を営み，フランキーはこの町に何一つ希望がなくどこかに出て行きたいと願っている。ちょうど兄のジャーヴィスが許嫁を連れて帰郷し結婚式をすることになり，彼女は式が済めば兄夫婦と一緒に自分も町を出るのだと兄夫婦に相談することなしに空想している。「彼女は一人の人間につながりたいのではなく，すべての人間を結びつけるものに加わりたいと願っている。つまり人間の'私たち'に。それには結婚式はむろん最適の象徴である」。もちろん彼女の空想する結婚式は幻滅に終り，物語は，彼女が殻の中に閉じこめられているように暮らす町から一緒に出て行ってくれる人を見つけ出さなければと思うところに帰結する。

（10）『作者を探す六人の登場人物 *Six Characters in Search of an Author*』。ピランデッロの作品の中で最も高名なこの戯曲は，役者たちが演出家のもとで新作の舞台稽古をしているところに，ある不幸な家族（作者を探す六人の登場人物）が登場してきて，自分たちを見舞った事件を芝居でやってくれと頼み，演出家が承諾することから始まる。けれどもその家族が再現する事件と，役者たちが演技する芝居がどこまでも喰い違うというものだ。1921年初演時には賛否両論が巻き起こり，客席で殴り合いが始まったという。

第6章

結合部分対象——「ペニスを持った女性」から「乳首－と－乳房」へ

　結合対象——および結合部分対象——の精神分析概念に関するこの簡略な歴史は，1897年にフロイトが友人フリースに宛てた手紙の一行から始まります。それは，魔女の中にヒステリーとの関連性が発見できるかもしれないという希望的予測についてのものです。「彼女たちが'飛ぶこと'はこう説明される。彼女たちがまたがるほうきの柄は，おそらく偉大な神たるペニスである」(Freud, 1950[1892-1899], p. 242)。

　この迫害的な対象——「ペニスを持った女性」——は，後にクラインによって取り上げられましたが，フロイトの理論的概念からは姿を消しました。その「対象」は，本能が実際そうであるように，マインドレスとみなされました。1905年には，「対象」の定義は性的誘惑がそこから生じてくるところの人物でした (Freud, 1905d, p. 135)。その後の10年間で前性器的な乳幼児性欲，つまり口唇・口腔的，および肛門的な性欲が詳細に理解された際に，アブラハム(1924)によって描き上げられた発達段階表の中で，「部分的な対象」が前性器的性欲との関連で正式に確立されました。

　1932年までにメラニー・クラインは，「対象」の概念を，良い価値と悪い価値を持った親の存在として導入し，「結合対象」という用語は無意識的空想の中で「悪い対象」として経験される父親と母親——すなわち，フロイトの魔女

第 6 章

という「ペニスを持った女性」の伝統における性的なカップル——を表しました。その母親に対する「スプリッティングと理想化」は，「良い対象」——性的でない母親であり，部分対象水準では母親の乳房——を，アンビバレンスのもたらす抑うつ的結末から守るのです。

「良い」結合対象という概念は，部分対象としての乳首の出現を必要としました。父親の男らしさや母親の女らしさとの同一化は，いずれも子どもの発達のための自我理想として必要とされるものです——そして両者はいずれも部分対象水準において，乳首と乳房とが一体となったユニット状態で現前しているのです。

部分対象としての乳首は，フロイトの中にその前触れを見ることができます。彼は豊富な乳幼児観察の機会を持っていました。10歳の時に彼には，6 人の弟と妹がいて，彼自身40歳までに 6 人の子どもの父親でした。私は彼が夕刻，机で書き物をしているところを想像します。赤ちゃんが泣いている声が聞こえ，子ども部屋からは手助けを求める声が聞こえます。彼は筆を置き，どうなっているのか見に行きます。戻ってきた時，彼は〔中断させた〕議論を再開します「何だったかな？　ああ，そうだ，認知的で再生的思考……んん，そうだ……。

　　例えば，子どもが願望する記憶像が母親の乳房そしてその乳首の正面からの光景であり，最初の知覚はその同じ対象の乳首のない横からの光景であるとしよう。子どもの記憶の中には，吸乳のうちにたまたま作られた，特定の頭の動きによって正面像が側面像へと変わる経験が存在する。今見えている側面像がその頭の動きのイメージへとつながる。その逆のことが実行されなければならないことがある試みの中で示され，そうして正面像の知覚が達成される。
〔Freud, 1950 (1895), p. 328〕

1905年に，概念としての乳首－ペニス混同が現れました。

　そういうわけで，その時の性的対象（ペニス）を，原対象（乳首）やその代わりとなる指の代用とすることにも，現在の性的対象をもともと満足が得られていた状況へ置くことにも，ほとんど全く創造的な力は必要ない。そのため

結合部分対象──「ペニスを持った女性」から「乳首－と－乳房」へ

我々はこの大いに反感を抱かせる，倒錯的な，ペニスに吸い付くという空想には，最も無垢な起源があるものと考える。それは母親のあるいは乳母の乳房に吸い付くという先史的印象──通常は授乳されている子どもとの接触によってよみがえってくる印象──として記述されるであろう何かの，新しい版なのである。ほとんどの場合，牛の乳房が乳首とペニスを媒介するイメージの役割を果たしやすい。　　　　　　　　　　　　　　　　［1905e（1901），p. 52］

ペニス，糞便，そして赤ん坊の間の混同は1917年に記されました。

　……無意識の産物──自然発生的考え，空想，そして症状──において，〈糞便〉（お金，贈り物），〈赤ん坊〉そして〈ペニス〉の概念はお互いにほとんど区別されず，容易に交代可能であるかのように見える……これは「赤ん坊」と「ペニス」の関係で最も容易に見られる。夢の象徴言語や，同様に日常生活において，両者が同じ象徴で置き換えられることに意味がないことなどありえない。赤ん坊とペニスはいずれも「小さな者たち（little ones）〔日本語では例えば'息子'〕」と呼ばれている。　　　　　　　　　［Freud, 1917c, p. 128］

　フロイトは，乳首を「小さな者たち」の系列に加えませんでしたが，前性器的な口唇・口腔性および肛門性性欲概念とそれらに見合った「部分的な対象」概念は，今や表立った問題となりました。乳首を吸うことを愛している口は，もし欲求不満にさせられれば嚙み，その損傷を受けた対象は空想の中で，肛門からサディスティックな快感と共に排斥されます。その結果は，報復的な「ペニスを持った女性」からの迫害不安と，損傷を受けた対象との同一化からの抑うつです。
　1923年までにフロイトの心的構造モデル（自我，超自我，イド）が，性器的性欲の抑圧から生じる不安というリビドー論に取って代わりました。去勢不安要素は少女の発達論においては，常に克服しがたい困難を生み出しました。エディプス葛藤の時期が，早期幼児期から乳児期へと次第に押し戻されるにしたがって，男児同様，女の赤ん坊においても，母親とその乳房からの分離不安が，原初的問題として認識されるようになりました。フロイトはこの修正を

第6章

1931年に承認しました。

　少女におけるこの早期の前エディプス期[*]についての我々の洞察は，他の領域においてギリシア文明の背後にミノア‐ミュケーナイ文明が発見されたように，意外な驚きをもって迎えられた。　　　　　　　　　　［Freud, 1931b, p. 226］

　しかし，メラニー・クラインによる子どもたちとの仕事は，内的現実と外的現実という二つの世界や，スプリッティングと理想化およびスプリッティングと投影同一化といった概念に伴って，急速に進展しました。前者は「良い」自我理想を確立する一方，後者は「悪い」超自我の発生を説明しました。自我理想は部分対象，「良い乳房」あるいは「良いペニス」として始まりましたが，しかし結合対象という形態ではありませんでした。結合対象は悪い対象，つまり「ペニスを持った女性」だったのです。

　私は「ペニスを持った女性」への恐れが，非常に早期の発達段階で形成された性欲論，母親が性行為の中で父親のペニスを取り込んだという理論の上に築かれたもので，そのため，つまるところ「ペニスを持った女性」とは二人の親が一緒になって接合していることを示している……ことを理解した。
　　　　　　　　　　　　　　　　　　　　　　　　　　［Klein, 1932, p. 65］

　一方，精神分析的訓練カリキュラムへの乳幼児観察の導入は，最初の数週間の乳房と乳首の機能について，更なる研究が必要であるという見解を強めることになりました（Bick, 1964; Klein, 1952）。
　『児童分析の記録』の中で，例えばセッション83（Klein, 1961, p. 419）において，10歳のリチャードが，丸いお腹，「愛らしい両目」を持った顔，乳首のある乳房を表す二つの円をもつ，単純な一体の女性の人形を引っ張り出し，続いてそれにペニスをつけたところで，セッションはうまくいかなくなります。メルツァーによれば，その理由の一部は次のように思われます。

─────────────────────────────────
[*]　「少女における前エディプス期」という言葉を，少女と少年両者における〈前性器的〉エディプス期というその後の概念と比べると，興味深い。

結合部分対象——「ペニスを持った女性」から「乳首－と－乳房」へ

　1950年代の終わりの彼女の仕事の最も先進的な点において，彼女は依然として結合した内的対象の役割について，そしてこの結合——それは，性交において一緒になっている母親と父親，一緒になっている膣とペニス，性的結合として一緒になっている乳房と乳首を意味する——が良い対象として機能するのか，あるいはそれが，パーソナリティをその圧倒的な性的興奮の活動で氾濫させ，羨望をかき立て，そのようにしてパーソナリティを解体させる影響力となる，あまりに強烈な対象として機能するのかを，本当には決めかねていた。『羨望と感謝』の中で彼女は，結合対象をパーソナリティの強さの核と考えているようだったが，ここ（85セッションの注2）では，この結合対象が喚起すると感じられる羨望の強烈さのために，彼女が依然としてそれについてきわめて不確かであることを顕わにしている，と私は考える。　　［Meltzer, 1978, p. 113-114］

1960年のメラニー・クラインの死に続く数年間のあいだに，成長とは，乳房－と－乳首として部分対象の形態で結合した内的対象に同一化できるかどうかにもまた影響される，という「ポスト・クライン派」の概念が大きな役割を果たすようになりました。メルツァーの精神分析過程に関する見解は，マスターベーションによって発生した混乱の，継時的な解消というものです（Meltzer, 1967）。エディプス葛藤の前性器的な回避は，心の構造の改善によって，父親のペニスが「門番」として機能して母親の開口部への侵入の出鼻をくじくことで，防止されます。

　口，膣，肛門といったそれぞれの空間の括約筋は，母親の内部－ペニス，として経験される。これらの睾丸なき内部－ペニスと比べ，父親のペニス，睾丸付きのものは，精液が本質的な要因である修復的役割を持つように感じられる。さらに，3つの空間はそれぞれ，母親の身体の3つの開口部，膣，肛門，口の1つを通して，父親のペニス－と－睾丸（生殖器）と，特異な関係を持つように感じられる。こうして精液は，性器の中の赤ん坊に食べ物を与え，直腸を洗い流して浄化し，母乳の生産のための原料を供給するのである。

　　　　　　　　　　　　　　　　　　　　　　　　　　［Meltzer, 1973, p. 69］

第 6 章

　これらの発想は，ビオンが「投影同一化」に，〈プラスの〉意味を——つまり，侵入的なメカニズムだけではなく，認識論的な機能をも——付加した時（Bion, 1962）に現れました。ビオンは「心／乳房」を，コンテイナーや装置として，すなわちその中に乳幼児によって投げ込まれた，例えば死の恐怖といった苦痛な「情緒的経験の感覚印象」を受け止めるものとして記述しました。それらは，不安を耐えられるものにする神秘的な修正を施され，乳幼児に戻されます。彼はフロイトによる精神病的および非精神病的精神活動の諸特徴の定義のための示唆を発展させたのです。そして最終的に，象徴的あるいは合理的，非象徴的あるいは非合理的，反象徴的あるいは反合理的，の三つのタイプの精神活動を区別することへと至りました。
　思考するための心／乳房としての結合対象への依存に対する乳幼児のアンビバレンスは，フロイトによる性器的なエディプス葛藤という意味での依存に対するアンビバレンスとも，クラインによる前性器的エディプス葛藤という意味での依存に対するアンビバレンスとも並行するものです。
　ビオンは，乳首を，乳房から分離した一対象として言及はしていませんが，しかし外的事実としての乳房——そのための生まれつきの前概念があるかもしれない——を表示するために，「O」という文字を使用しています。

　　精神分析的な出来事は，他の科学的研究と同様に直接的に，疑いのない形で，あるいは矯正できない形で，述べることが出来ない。それが究極的現実，絶対的真実，神性，無限，物それ自体**といった用語で表される究極的な現実であることを表すために，私はOという記号を使用するつもりである。
　　　　　　　　　　　　　　　　　　　　　　　　　　　［Bion, 1970, p. 26］

彼の同僚のモネー゠カイルはこう記しています。

　ビオン（1965）は，精神病的メカニズムを，時間感覚を攻撃し，そのために

**　thing-in-itself. カントの意味での，物自体。

空間−時間システムの形成が開始されないものとして記述した。私は，より軽度の障害，多様な種類の失見当識――幅広い現象を扱うために私が使う用語――を生じさせるものに関心がある。いずれのシステムにおける見当識の感覚にとっても本質的なことは，それが拠点，座標幾何学のOを持っているということである……他のすべてがそこから派生するように思われる最初の拠点は，新生児の感覚的混乱から抜け出してくる最初の対象，すなわち乳房，あるいは恐らく特に乳首である。　　　　　　　　　　　　　　[Money-Kyrle, 1968, p. 424]

同じ頃，メルツァーとビックは心／乳房への侵入というよりもむしろ，心／乳房との融合へと到る，自閉症における心理学的乳首機能の発達の失敗を視覚化することを始めました。「付着同一化」（投影同一化との類比によるものですが，三次元的というよりも，二次元的なもの）という用語が，その結果として生じる対象の特有な模倣〔外面的な行動だけを真似る〕を伝えるために採用されました。

　（外的対象の）コンテイニング機能が取り入れられるまで，自己の内部の空間という概念は生じない。取り入れ，つまり内的空間における対象の構築はしたがって障害される……コンテインする対象への欲求は，乳幼児的な未統合状態では，対象――乳幼児の注意を引き付けておくことができ，そうすることで，少なくとも瞬間的には，パーソナリティの各部分をひとつにまとめておけるものとして経験される対象――光，声，匂い，あるいは他の感覚的対象――の死に物狂いの探求を生み出すように思える。その最適な対象は，抱え，語り掛け，慣れ親しんだ匂いのする母親と一緒になった，口の中の乳首である。

[Bick, 1968, p. 115]

＊　＊　＊

　数カ月前，ある幼稚園の教諭は分析セッションの中で，彼女の担当児のひとりが他の子どもに，女性の体で一番大事な部分ってなに？　という質問を挑んでいるのを立ち聞きしたと報告しました。落ち着きはらって下された，その答

第6章

えとは――彼らの先生を満足させたことに――こうでした。「乳首！」

討論

Q：なぜフロイトは，男根的なほうきの柄にまたがった魔女とヒステリーの間に関連がある，と考えたのでしょうか？

Q：ヒステリーはもともと，子宮の障害と結びついた，女性の疾患として考えられていたためでしょうか？

A：ヒステリーは，麻痺の場合以外に使われることのなくなった言葉ですので，それがありふれていて，またシャルコーの手によって催眠で治療されていた百年前に身を置いてみるのは困難なことでしょう。フロイトは，シャルコーがすべてのヒステリーの背後に性的問題がある，と彼に語ったことをずっと覚えていました――そして私が思うに，魔女は悪魔とセックスをするものとされているという考えに思い至った時に，関心を持ったのでしょう。おとぎ話のなかの魔女は，明らかに私たちにとって「悪い母親」ですが，しかし私はそのような象徴的な考え方に慣れていない多くの人にとってはそうした考えでさえ，いかに非常に新奇なものであるかということに驚かされてきました。

Q：そして「悪い母親」は父親と性的生活を持つ母親なのでしょうか？

A：ええ，『児童分析の記録』の中のリチャードによれば，ヒトラーパパです！しかしここでフロイトは一度ならず，プラトンの『饗宴』の中の話を引用しており，それによれば太古の昔，男性はもともと二重体であり，四つの腕と足，二つの顔，そして二組の性器（一つは女性器なのでしょう，おそらく）を持っていたのですが，結局ゼウスはそれを二つに切断することにし，それ以来その二つの半身は一つに戻ろうとお互いを探し続けているというのです。私はそれが，心の中で母親と父親への愛情を統一しようともがきながらも，不愉快なエディプス・コンプレックスが邪魔をし続けている，そのような子どもの姿だと思っています。

Q：そのもっとも有名な寄与が，言ってみれば，良い母親と悪い母親を作り出すところのスプリッティングですが，乳児が乳房に満足していることの観察

について，非常に多くのことを記しているそのメラニー・クラインが，それでも乳房を「結合対象」——悪い結合部分対象としてと同様に，良い結合部分対象——としても見ることに気が進まなかったことは，驚くべきことではないでしょうか？

A：困惑とは，後から振り返った時にのみ生じます！　私が辿ってみた歴史は，乳房自体に関する継時的な発達ですが，それは性的両親ではなくむしろ良い結合対象としての乳房であり，そして乳首が男根的で望ましいものであって乳房の「女性的」部分から「盗める」ものとして経験される，原初的な水準の混同状態での乳房です。私の知る限り，この概念は1960年ごろに提出され，確実にドナルド・メルツァーと関係があり，彼の『精神分析過程』にその詳細が描かれています。彼はその概念の利点は，それ以外には扱うことのできないある種の空想や行動について考える際の有用性にあると言っています（第7章参照）。

Q：これ〔良い結合部分対象としての乳房〕と，ビオンの諸概念とのつながりは，何なのでしょうか？　ビオンの諸概念は，結局は，部分対象の基礎の上に築かれたものですが，しかし心／乳房の乳首に匹敵するエディプス的な問題があるようにはみえません。

A：それはある意味では正しいです——しかしそれは，ただ明言されたビオンの意図が，乳房との具体的な解剖学的な関係ではなく，その機能——彼が書いているごとく，その解剖学ではなく生理学——の研究をすることにあったためです。それはメラニー・クラインの死後，ロンドンにおいて生まれた発展における彼の偉大な寄与の基盤でありました。エディプス的攻撃は，乳幼児に考えることを教えるためのものである，心／乳房の「アルファ機能」の上に向けられます。これが首尾よく成されてしまえば，さまざまなタイプのマインドレスに帰着します。精神分析の実践において，素材への解剖学的接近を生理学的接近と組み合わせられることは，非常に有用なことです。

Q：乳首は心の座標幾何学の「O」である，というあなたの引用は，詩的な示唆です。それについてもっと何か，話していただけることはありませんか？

A：おそらくそれは，実用的ではないでしょう，しかしこうした難しい諸概念は，人がそれらについて考え続けるならば，心を養うものになります——思

考の滋養です。
Q：座標幾何学はデカルトの発見だったと思うのですが，彼は「我思うゆえに我在り」でも有名ですよね。
A：私の信じるところでは，デカルトは，彼の「二元論」によって西洋の科学的方法論の発端をなしている，と記述されてきました。彼の「二元論」は，世界を，〈主体〉——純粋な思考ですが——と〈客体〉——空間の純粋な延長，その中に彼は人の身体を含めましたが——との間でスプリッティングしたものとする見解です。ビオンは，精神分析に関する科学的議論の基盤を見いだすのに，数学と哲学の両方の観念を用いたがっていました。数学と哲学は，ピタゴラスからバートランド・ラッセルまで，私たちの世界の構造の理解を深めようと試みた人たちにおける，協力関係の長い歴史を有しています。しかしながら，〈内的世界〉は，象徴が，片時も絶えることなく複雑さを増す中で，結合し合うことから構築されるようにみえ，したがって精神分析は芸術家の創造的な努力——あるいは少なくとも芸術家と科学者の境がなくなる地点——と，より関連のある接近法を必要としているのです。
Q：ビオンのグリッドについて何かもっとありませんか？［『精神分析の要素』（Bion, 1963）のグリッドのコピーが参照のために配布されました。（ビオンの改訂され拡張されたグリッドは，図6.1に示しました）］
A：グリッドは，心の健康とは，心を養うものである真実の思考と，心を毒する嘘との間の抗争に依拠する，という精神分析的な発想に捧げられています。それは精神分析セッションにおける出来事について考える際の手助けを提供しています。それは暫定的なものです。ビオンは，グリッドは改良されうるし，またそうすべきだ，と考えていました。にもかかわらず，彼はそのグリッド表を，グリッドに関するモノグラフ（Bion, 1977）を含む5冊の一連の著作の中で発表しました。

〈水平軸：思考の使用法〉

フロイトは，何が真実であり，何が偽りであるかを決定するシステムを作動させる心にとって必要なものについて書いており，彼の「精神現象の二原則に関する定式」（1911b, p. 218）が水平軸のほとんどの項目を提供しています。フ

	定義的 仮説 **1**	プシー (虚偽) **2**	表記 **3**	注意 **4**	問い **5**	行為 **6**	**... n**
A ベータ要素	A1	A2				A6	
B アルファ要素	B1	B2	B3	B4	B5	B6	... Bn
C 夢思考 夢，神話	C1	C2	C3	C4	C5	C6	... Cn
D 前概念	D1	D2	D3	D4	D5	D6	... Dn
E 概念	E1	E2	E3	E4	E5	E6	... En
F コンセプト	F1	F2	F3	F4	F5	F6	... Fn
G 科学的 演繹体系		G2					
H 代数計算式							

図6.1 グリッド
出典：ビオン『注意と解釈』。1970年ビオン作
Reproduced by permission of Mark Paterson on behalf of Francesca Bion.

ロイトの主役は現実原則と快感原則でしたが，しかしフロイトは内的現実を含めなかったので，ビオンは偽ることを包摂する範疇を加えました。第1列──定義的仮説──は，注意が払われるべき領域を絞り込むのに対し，第2列は，嘘偽りや「偽りとして知られている言明」のためのものです（ギリシア文字のプシー〔Ψ〕があてられています）。

〈垂直軸：思考の生成〉

上方から下方へ向かうにつれて，思考の範疇は象徴の複雑さを増し，いずれの範疇も前段階のものが消化されたり，「満たされること」にその成長がかかっています。もし「ない−乳房〔不在の乳房〕（no-breast）」が経験されるとするならば，その場合の次の段階は，この思考を回避するのではなく，探求する能力に依拠します。

ビオンの前著，『経験から学ぶ』（1962）は，グリッドの内部で移動が起きるのを可能にし，そして個々の欄や「要素」が他のものと結び付くことによって，「分子」（精神分析的対象）を形成することを可能にするための，さまざまな「触媒」や機制を導入しています。まず，A行（ベータ要素）とB行（アルファ要素）を分割する線が，母親の夢想によるコンテインメントによって，情緒的経験の感覚印象に生じる変化（アルファ機能，容器と内容♂♀）を表示しています。これ以降の思考は，象徴的意味を持ち，夢見ることに使用できます──内的現実と外的現実の間の差異に関する気づきの点での第一歩です。グリッド内部での移動は，混乱を明確化することに参与する更なる機制，とりわけ投影同一化に含意された妄想・分裂ポジションと抑うつポジションの間での揺れ動き（Ps↔D）によって，実行されます。

最後に，情緒的経験は関係を意味しているため，そこには，愛，憎しみ，知（LHK）という三つの情念の要素があり，それらは拮抗する組織化（−LHK）との葛藤状態の中で作動します。

−LHKは，さまざまな水準で，システムを逆向きに作動させます。情緒的経験（ベータ要素）は，思考（アルファ要素）に変換されません。統合失調症におけるように，形成された思考（精神分析的対象）は粉砕されて奇怪な対象群となり，それらは，残骸，幻覚，「自我と超自我の痕跡を伴ったベータ要素

LHK

	定義的仮説 1	変形 2	注意 3	問い 4	終結なき会話 5
A ベータ要素					
B アルファ要素 神話					
C 夢思考					
D 前概念					
E 概念					
F コンセプト					
G 審美的					
H 霊的・精神的					

−LHK

	内的現実の否認 −1	全知 −2	虚偽＆妄想 −3	言語の誤用 −4	幻覚 −5
H 霊的・精神的					
G 審美的					
F コンセプト					
E 概念					
D 前概念					
C 夢思考					
B アルファ要素 神話					
A ベータ要素					

図6.2　メルツァーが改訂したビオンのグリッド概念

群」として排泄され，あるいは非現実の妄想世界が構築されます。マイナス度がさほど大きくない状態では，パーソナリティは−LHKの活動の証拠を，情念の代わりとしての無関心，美に対する審美的反応の代わりとしての実利主義，知識欲の代わりとしての全知，コミュニケーションの代わりとしての言語の誤用（思考障害，プロパガンダなど）によって示します。

　メルツァーは，グリッドが初めて現れた時から，それについて徹底的に研究し，没頭し，著述し（Meltzer, 1978, 1986），第2列が全部マイナスのグリッドを要求しているというビオン自身の示唆を取り込んで改訂しています［図6.2は二倍体のグリッドにおける，これらの修正を素描する個人的な試みです］。表記の列は，言葉に加えて情緒的経験を変形する様式，例えば踊り，歌，絵画を含むよう変更されています。メルツァーは垂直軸にアルファ機能と一緒に神話を，審美的な過程の一部——それによって歴史が詩歌や象徴的圧縮に変わる——として置いています。最後の列に関して，ビオンは行動化を置ける範疇を見つけたいと書きました（「答えは問いにとっての不幸である」）。行為と行動化は，思考と会話の強大な妨害者であり，プラスグリッドにあるべきでないとして，メルツァーは［ビオンのプラスグリッド6列に置かれている行為（action）を］（ビオンの『未来の回想録』［1975］にあるような）「終結なき会話（endless conversation）」，に置き換えています。

　　概念は前概念としてグリッドへと戻され，より高度な水準で再びワークスルーすることができる。そしてこれが，ビオンが彼の垂直軸はさほど正確ではなく，こうした数学的水準ではなく，審美的な水準そして最終的には霊的・精神的（spiritual）水準のような情緒的水準へと発展される必要があると悟った，と私が考える地点である。　　　　　　　　　　　　［Meltzer, 2000, p. 10］

第 7 章

乳幼児観察と実践における結合部分対象

　乳幼児観察セミナーは，ロンドンのタビストック・クリニックで，1948年に児童精神療法コースが始まった時に導入されました。1960年には，候補生の心の精神分析的モデルを育てる上で役に立つものとして，ロンドンの精神分析協会のカリキュラムにも加えられました（Bick, 1964, p. 240）。
　メラニー・クラインは，論文「乳児の行動の観察について（On observing the behavior of young infants）」でこう書いています。

　　生まれたばかりの乳児は，誕生の過程と子宮内の状態の喪失によって引き起こされた，迫害的な不安に苦しむ。長引いた出産や難産は，きっとこの不安を強めるに違いない。この不安状態のもうひとつの側面は，乳児がまったく新たな状況への適応を強いられることである。こうした感覚は，温かさや支え，快適さを与えるためのさまざまな対処，とりわけ，乳児が，授乳され，乳房を吸うことで感じる満足によって，幾らか和らげられる。こうした経験は，乳を吸う最初の経験で最高潮を迎え，私たちが仮定している「良い母親」との関係の始まりとなる。それは，こうしたなんらかの手立てによる満足が，子宮内状態の喪失を埋め合わせることへとつながっていくことも示している。最初の哺乳からずっと，愛する対象（良い乳房）の喪失と回復が，乳児の生活における必

第 7 章

　　須の部分となる。　　　　　　　　　　　　　　　　　　　［Klein, 1952, p. 94］

　1960年代にビオンは，部分対象としての良い乳房の概念を，考えるための装置としての機能を含めて拡張させ，それについて一連の著作を出版し始めました。「心／乳房」は，困惑した乳幼児的自己の投影された部分をコンテインし，混乱を明確化することを通して，乳幼児的自己をこうした困惑から解放するものです（Bion, 1962）。

　第 6 章では，「結合部分対象」としての「乳房 - と - 乳首」が，二つの世界，エディプス的アンビバレンスという結合両親対象のフロイト - クライン世界と，心／乳房のクライン - ビオン世界との間をつなぐものとして，議論されました。

　こうした骨格だけの理論に衣を着せるために，この章では，ある母親の分析からの，いくつかの出来事を示します。彼女は，赤ん坊に授乳中であり，セッションをその女児についてのコメントで始めることがしばしばありました。

　被分析者は，思慮深い若い女性で，彼女の不安は，妊娠の開始とその合併症を巡るものでした。幸いにも出産は喜びと安心をもたらしましたが，まもなく，新しい形で蘇ってきた不安と産後うつの暗い影が追いかけてきました。

　B 夫人の恐怖——母親たる自分にとって赤ん坊が，分析家にとって彼女の乳幼児的自己が，手に負えなくなるのではないかという恐怖——は，支援への感謝との間で葛藤を起こしていました。例えば，6 カ月目，B 夫人のお手伝いが，赤ん坊のスーに初めての歯が生えてきた兆候に気づいた最初の人物でした。そしてその B 夫人の不満は，私が彼女より先に「意味を見て取る」という問題を思い出させました。同様の苛立ちは，ある助けになる友人が，二人はいつもその友人の家で会うものと当然のごとく考えていることによっても引き起こされました。彼女は，あいまいに，"although she may come round" と，「彼女が［私の家の］近くに来るかもしれないとしても」とも，「彼女は意見を変えるかもしれませんが」とも取れるように付け加えました。私はそれを，分析的心／乳房への乳幼児的依存が耐えることのできるものに思えるようになるかもしれない希望，として受け取りました。

　あるセッションは，次のように話すところから始まりました——スーが夜泣きした場合には彼女と彼女の夫とが交代で，夫婦のベッドでスーと一緒に寝て

いたのですが，昨晩は交代中に娘が放尿し，ふたり共にしぶきをあびた，と。

　私たちは，分離不安についてとともに，乳幼児のエディプス的欲望に［親が］同一化することが，［乳幼児が］両親を引き離す結果となって［乳幼児に］罪悪感を生じさせる場合の葛藤について話し合いました。その問題を解決すべく提案された，ある方法が採用されました。次の時，満足して隣室の子ども用ベッドに戻れるようになるまで父親が抱っこし，話し掛けることによって，スーは落ち着いたのでした。

　その後，私は，家庭内の調和に全くもってネガティブな貢献をしている，ある友人の訪問について聞きました。彼女は，死んだ観葉植物と塗料の剥げた台所の流し台について口を差し挟み，そして彼女はスーを楽しませるための愚直な試みをおこないましたが，それはただ赤ん坊を過剰に興奮させただけでした。そこにはジレンマがありました。訪問の度ごとに赤ん坊を苦しませるのか，それとも友人に問題に注意を向けさせることによって友人を怒らせる危険を冒すべきか。私たちは転移において同じ問題を抱えており，転移におけるネガティブなものは，依存という分析的経験と逆行すると思えるものでした。

　次に私は，スーに食べ物をスプーンで食べさせようとすると，頭を横に向けて，母親と視線を合わせるのを避けてしまうという話を聞きました。B夫人は，「私は彼女に，間近から食べ物を与えなければなりませんでした」と言い，そして夢を報告しました——

> 「私の父親は，洗濯機で洗う汚れた洗濯物を選り分けていました。母親が，彼の背後に現れ手を貸そうとしましたが，彼は彼女の方を見ませんでした」

　彼女の両親は，彼女が思春期の間，別居していました。彼女は，この別居以降，疎遠になってしまった父親の健康状態が衰えていったことにうろたえ，そして彼の末期の疾患が彼を依存的にしたことに困惑しました。彼が予期せず亡くなった時，罪悪感との苦闘は激しさを増したのでした。彼女が入室と退室の際に私と目が合うことを時折嫌がるという謎は，今もって未解決のままでしたが，しかしおそらくその問題は，分析の「汚れ物を洗濯する」という側面，乳幼児性欲や癇癪や抑うつの「トイレとして機能すること (toileting)」，と関係

第7章

していました。このことから，乳房の元にある［患者の］赤ん坊部分は，助けを必要としていることによって辱められている，とネガティブに受け止めていると言えるでしょうか。

　夏期休暇が終わり，スーは7カ月になり，2本の歯が生えたことが報告されました。乳首を嚙むことが微量の出血を引き起こしていました。B夫人は，赤ん坊を心配して気が動転し，いくらかの薬を与えました。彼女は，もうひとつの夢を報告しました──

　　「私は，ソファによって一部が隠されていた居間のカーテンを開けたとき，その長さが床まで届くものではなく，窓の下枠までしかなかったことを発見して，驚きました」

　彼女の母親は彼女のためにカーテンを縫ったことがありました。母親は大量のシルク様の素材と格闘しているうちに指を刺してしまい，それは小さな血の染みを残しました。ある子どもの頃の思い出が蘇りました。母親が父親とともにあるパーティーに出かけた時，母親が長いシルクのイブニングガウンを纏って美しく見えたというものでした。これは，彼女の［これまで視界から隠されていた］短いスカートをはいた小さな女の子の自己が，休暇の休みについて「血に染まった復讐心（bloody-minded）」を覚えたことを示していましたし，スーが乳首を嚙んだことは，［自分が］心／乳房より劣っていることの耐え難さに彼女が気づいたためであったかもしれない，ということをも示していました。B夫人は，私が「素材と格闘している」ことに感謝しているとともに，「良い対象を内在化する」には非常に長い時間がかかり，そのため分析の終了という幕（カーテン）が下りた時に，「誰にも頼れない状態」になってしまうという「嚙み付きたくなるような辛辣な」彼女の不満が私に与える影響を，心配もしていることに同意しました。

　B夫人は，赤ん坊に授乳し続けることを，そしてそのことと彼女が分析を必要としていることとの両方について彼女に問い質してくる友人たちの好奇心は無視することを，心に決めました。彼女は，スーが見知らぬ人が近づきすぎると泣くことを報告しました。彼女の母親が，赤ん坊を見せるために，ある友人

を連れてきたことがありました。「母親は私の気を狂わせようとするのよ——彼女は人の手に渡されても泣かない赤ん坊がお望みなの！」

　彼女の分析との関係におけるスプリッティングは明白でした。ひとつは依存することが不満な部分でした。そしてもうひとつは，無理強いされた分離を受け入れるという考えが，気が狂うほどではないにしても欲求不満にすることに気づいている部分です。

　次の報告は，スーが乳を吸いながら，乳房の上で指を使って「ハープを弾く」というものでした。一見すると愛情のこもったように見えるこの行動は，亡くなった父親が，彼女の「独習」本によるピアノ練習に我慢ならなかったことを，彼女の心に想起させました。父親とのややこしい関係とお互いに「我慢する」ことの困難さとは，子どもの頃のある話に代表されるものでした。かつて，父親は公然となじりながら，彼女に注文を付け，それで彼女が金切り声を上げて叫び始めると，青ざめて逃げ出し，そして病気になったのでした。その後，まもなく彼女は，次の夢を報告しました——

　　「スーが床に座っていると，数匹の黒い甲虫が彼女に群がり，彼女は助けを
　　求めて泣き叫びました」

　彼女は，庭の物置小屋の筵葺きの屋根の中に住むワラジ虫のことを，さらにスーはとても背たけがあったので，年齢より上の乳児に間違えられるとは言え，座ると不安定であることを考えました。スーは，不安定な時は「まとわりついてきて」，眠たげなので，乳房を飲み干せません。そのテーマは，B夫人自身の思春期の「偽成熟」を思い出させます。諦め顔の，おそらく憤慨させられたのであろうある男性教師は，彼女を「どっちつかずの愚かさ」と表現したことがありました。しかしこの時期は，彼女の両親が別居した時でもあり，彼女は，思いやりのある女性教師によって抑うつから救われたのでした。

　外的な両親の別居が，エディプス的罪悪感を増大させる恐れのある中で，おそらくワラジ虫（wood-lice〔liceはliesと韻を踏んでいる〕）は，彼女の心理的安定の支柱たる内的対象についての「虚偽（lies）」を代表しています。これは，翻って，分析家は彼女の抑うつに耐えることができないし，心／乳房は報復するよ

第7章

うになるだろう——糞便的虚偽の排泄によって汚染された超自我的「悪い乳房」——という不安を増大させました。

スーが病気になったため，一週間，セッションのキャンセルが続きました。B夫人が戻ってきた時の第一声は，スーが乳首をいじり，指でつまむというものでした。そして，とても混乱させられた夢を報告しました——

> 「私は，姉妹のメアリーとその夫のボブと一緒に上階のフラットにいて，窓から外の人々を眺めていました。そのあとで，ボブと私は一緒に立ち去りました。私たちが戻ってみると，メアリーがより小さな一階のフラットに引っ越してしまったことがわかりました。そして，彼女は庭に通じる裏口から出て行き，そこで待ち伏せしていたあるギャングにレイプされ，殺されてしまったと聞きました」

この夢は，内的な母親の内部に住んでいる時の，心の乳幼児部分の混乱した世界の証拠として，その後，数週間にわたって探求されました。これがエディプス水準にあることは明白ですが，前エディプス部分対象水準でも説得力のある理解が可能です。メアリーとボブとを離別させたこと（スーの乳首の「指いじり」と関係しています）と，ボブを「盗み取ったこと」は，乳首−と−乳房（良い結合部分対象）に向けられた口唇・口腔的攻撃に相当するもので，その後，傷つけられた母親対象の肛門を介した排斥と，その排斥されて傷ついた母親が自己愛的ギャングのサド−マゾヒズムの犠牲になることが，引き続いて起こっています。

こうした不安を幾月もの間ワークスルーし続けたことで，これまで不明瞭だった症状や不安の側面は，無意識的空想世界の異なる住人たちとの同一化に起源があったことが明確になりました。

スーが18カ月になろうとしていた時，B夫人は，スーが，抱き上げてやるまで，しつこく泣いてベビーベッドの上に身を投げだす際の「二人が警戒しながら互いを見合っている時」の疲労感について語りました。分析の中では，抑うつ的苦痛が，今まさに高まりつつあるところでした。次のセッションは，食事の時に椅子に縛り付けないので，ベビーシッターの方をスーが好んでいるので

はないかとの心配を話すところから始まりました。結果的には，スーは食べずに，もがいて椅子から降りてしまうのでしたが。
　それに引き続いて語られた夢です——

　「私は裸足で用心深く歩いていますが，ゴミやガラスが道路に現れてくるにつれて，どんどん不安になっていきます」

　連想は，自分の足を調べることにスーが関心を抱いていることと，「指‐食べ物」〔指しゃぶり〕を彼女が好むこと，についてでした。それから苦闘が続きました。それは，心／乳房への依存——うまくいけば，思考のための装置の内在化へ導くことになる——と，自助の魅惑——防衛として赤ん坊のお尻と母親の乳房との間の混同を続けること——との間の選択において，より良き理解に達しようとするための苦闘でした。
　スーの2回目の誕生日が近づいた頃，B夫人は2度目の妊娠をしました。お腹が目立ち始めた頃，スーとの話の中に母親のお腹の中の赤ん坊についての話題が上り，スーは感情を隠さないようにするよう励まされました。時々，彼女は父親が現れるやいなや「いや！　いや！　いや！」と叫びました。また，B夫人は靴についた犬の糞の跡を面接室の中まで引き摺ってきたのだという，彼女が「妄想」と呼ぶもので，あるセッションを始めました。彼女は，「黒人」という言葉を聞いた時にはいつでも——自分自身ではなく——他人の中に人種的偏見を見てとる，「政治的に正しく（politically correct）」振る舞う知人への苛立ちを報告しました。スーは，教育的なジグソーパズルに取りつかれていました。それぞれのピースは，1から10までの数字を絵で表していて，「3」は，2つの靴と1つのベルト留めのある海賊の衣装を着たネズミでした。しかし，ネズミはまた，頭蓋骨と交差した2本の骨（skull and cross-bones）〔もちろん死の象徴的な図柄であるが，crossには'怒った'という意味がある〕のある海賊帽も被っていました。スーはまず，それを流し台の中に置き，さらに洗濯機の中に入れて，それからすぐに彼女はそれを返して欲しがりました——彼女は明らかにそれを嫌っていたにもかかわらず。これは，スーが男性性器の性質——男性性器は赤ん坊に敵意のある海賊ペニスなのだろうか？——について考えようとする試みだ

ったのでしょうか。彼女は，それをビオン的コンテイナーの中に，それについて考えるのを助けてもらえることを期待しながら，置いているのでしょうか。妄想的な犬の糞の問題と「黒人〔狡猾に立ち回る男〕」問題についての探求は，性行為で妊娠に害を与えるのではないかと心配でたまらない，というＢ夫人の告白につながりました。

　終結か再開か不確かなままでの分析の中断――そうして彼女の場所が「新しい赤ん坊」（新しい被分析者）によって取り上げられてしまうかもしれないこと――は，犬の糞で表された彼女自身の怒りの部分を，内的父親のペニス（海賊帽としての陰茎亀頭？）や，乳首と乳輪のような「ソンブレロ〔メキシカンハット〕」に投影させ，結果として両者が「赤ん坊に敵意のあるもの」として考えられることになりました。

　道具としての父親のペニスは，腰の上では，乳首－ペニスとして，母親の乳房の乳首や母親の目と同化されることになります。武器としての父親のペニスは，腰の下で，肛門性愛のサド－マゾヒズムや糞便－ペニス（Meltzer, 1967）と同化されることになるのです。

　この進行中のドラマの最後の瞥見を紹介しましょう――Ｂ夫人がスーと一緒に通りを歩いていた時，ブラスバンドの行進を楽しむために立ち止まりました。Ｂ夫人はスーに，前回バンドに遭遇したときは，まだお母さんのお腹の中の赤ちゃんだったんだよ，と言いました。〔それに対する〕スーの思いやりのあるコメントは，次のようなものでした。生まれた後の方が，バンドを見ることやバンドのサウンドをずっとずっと楽しむことができるんだね！

討論

Ｑ：あなたは，Ｂ夫人の中にある，精神分析的心／乳房から考え方を学ぶために彼女が依存する必要性と，一方で独立してそれを彼女自身で考えられるようでありたい欲望との間の葛藤を描き出しています。終り近くで，あなたは，この葛藤が，彼女の乳幼児的自己が彼女の下半身――足と臀部――と母親の乳房を混同していることに関係していると示唆しています。

Ａ：これは，最初，乳幼児の無力感という不安に対する防衛――投影同一化の

侵入的なタイプのひとつの側面（Meltzer, 1966）——として起こります。自己と対象との混乱の解消は，精神分析作業の重要な仕事です。身体精神病的疾患や抑うつ的心気症の多くの側面は，このことやこれに引き続く混乱した同一化に関係しています。

Q：これらの複雑な過程は，大部分が無意識ですが，そのうちどれくらいのものが実際に赤ん坊たちの中に観察することが可能だと，あなたは考えますか？

A：おそらくほんの少しの限られたものにすぎませんが，あなたがこの女性による自身の赤ん坊の観察から分かったように，もし，適切な精神分析的モデルを身につけているなら，予想される以上のものを見出すことができることでしょう。

Q：なぜB夫人の夢は，彼女の赤ん坊の無意識への応答ではなかったと言い切れるのでしょうか。ビオンが記述した心／乳房のアルファ機能のように，赤ん坊が彼女を，赤ん坊自身の困惑した部分を考え，そして耐えられる形で戻してくれるという，受け止めるためのコンテイナーとして利用していた可能性はないのでしょうか。

A：それには，乳幼児から母親へ，そして母親から分析家への不安の転移，という意味合いがあります。修正された思考——ビオンのアルファ要素——が，逆の方向へ移動していくこと——分析家の心／乳房から，母親の心へ，そして最終的には，赤ん坊の心へと戻される——もまた想像できることでしょう。私が興味深かったのは，B夫人の観察によると，スーは，母親が彼女をベビーシッターの元に置いて離れる時にはいつも不満を示しましたが，彼女がスーに「精神分析に行ってくるわ」と話した時には，これが起きなかったのです！

Q：ビオンに関連した新しい発展について，もう少し教えてもらえますか？

A：ビオンの関心は，考えることの性質とその病理についてでした。彼の仕事は，集団療法において，集団のある部分が，なぜ招集されたかを忘れているようであり，解決策は，その集団のリーダーによって見出されるだろうと決めてかかってマインドレスになってしまうという観察の中で，創案されました。その集団のもうひとつの別の部分は，精神疾患の性質を理解するために

第 7 章

集まっていることを忘れずにその仕事に取りかかるのです（Bion, 1961）。ビオンは，個人の心の中においても，同じ分裂——ある部分は思慮深く，ある部分は実際にマインドレスである——を見つけました。彼の決定的な一歩は，思慮深い部分が，クラインによって表現された「良い乳房」によって決定されるとみたところです。したがって，もし後者が，侵入によって攻撃されたり，無関心さによって無視さえされてしまうならば，思考のための能力——特に象徴的思考——は，失われてしまいます。彼のアイデアの理解は，それに先立つフロイトとクラインの仕事が同化されてはじめて成し得ることができるものなのです。

Q：集団がどうして招集されたか忘れてしまうという考えは，フロイトの陽性転移の記述に似ていないでしょうか？　彼は女性たちが，まさに愛情の性質に関して問題を抱えていることをすっかり忘れて，それを「転移性恋愛」の中でただ反復してしまうことを記述していました。

A：そうです——それは，精神分析をその歴史的発展という鑑を通して理解する必要性があるという良い例です。

Q：メラニー・クラインが乳幼児は精神病的経験を持つと考えたというのは，事実ですか？

A：彼女はそう考えたようです。彼女は，迫害不安が，まず第一にスプリッティングと投影同一化——つまり自己の「悪い」部分が，空想の中で母親の乳房の内部へと投影されること——によって悪いものになってしまった「悪い乳房」から発生することを記述するために，「妄想・分裂的」という用語を新しく創りました。しかし，「精神病性の不安」は，「精神病」と同じものではありません。そしてそれ〔悪い考え〕を行動化する前に「悪い考え」を思考しながら自分自身を観察する能力が，ある種の赤ん坊観察であり，それが価値ある習得であることは，疑う余地のないことです。

訳注
（1）治療者の介入が彼女を興奮させるだけで彼女の分析的経験への依存のさまたげになっていて，そしてそのことを彼女が治療者に指摘することが治療者を怒られる恐れがあると彼女が感じていること。

第 8 章

エディプス・コンプレックスと取り入れ同一化

　取り入れ同一化は，愛情対象の放棄という謎めいた概念を含んでいます。もし，所有することを，欲望するのではなく諦めるならば，その愛した対象は取り戻されるのです——しかし，それはただ心の中の構造としてだけなのですが。その背景にあるのは，出産，離乳，そしてそれらの象徴的後継的事態であり，いずれの場合であれ，それらの結果，諦められたものを回顧する代わりに同一化を通して発展することが期待されます。この神秘は神学には馴染み深いものであり，このことは宗教が精神分析と関係があることも示唆しています。
　フロイトによって子どもの心の中のエディプス・コンプレックスと内在化の過程とが結び付けられたのは，子どもの両性性には，母親と父親の両方が断念されることが必要であり，そうすることで，両者双方と同一化した構造物が自我の中に設立されることを認識した，有名な一節の中でした——

　　性器的段階に達したことによる主要な一般的結果とは，エディプス・コンプレックスが優勢となり，そのために自我の中に［両親双方に由来する］沈殿物が形成されることであり，それは，互いに何らかの方でひとつに結合した，これら二つの同一化の形成であると理解される。自我のこの修正はその特別な位置を保持するものである。それは，理想自我もしくは超自我として，自我のそ

第 8 章

れ以外の内容と対立する。　　　　　　　　　　　　　　（Freud, 1923b, p. 34）

　フロイトは，愛された対象のこの内在化は喪とうつ病（メランコリー）の両方において，重要な要因となっていることを理解していました。前者の例では，対象は，外的現実の中で失われています。後者の例では，アンビバレンスの作用によって，内的な現実の中で失われています。うつ病は，エディプス葛藤による，失われた（例えば，損傷されたか，死んだ）対象との同一化の結果だったのです――

> 　小さな男の子は彼の父親に特別な関心を示すだろう。彼は父親のように成長して父親のようになりたがり，そしてあらゆるところで父親の役を演じたがる。私たちは単純に，彼は父親を理想として受け取っていると言ってもいいだろう……彼の同一化はそれから敵対的な色合いを帯びて母親を巡って父親に取って代わりたいという願望と同じになる。同一化は，実際その最初からアンビバレントなのである。それは誰かを取り除きたいという願望と同じくらい簡単に愛情の表現へと変わりうる。それはリビドー組織における最初の〈口唇・口腔〉段階の派生物のように振る舞うが，口唇・口腔段階では，私たちが切望し大切にする対象は食べることで同化され，そして，まさにその同じやり方で滅ぼされるのである。食人者は，周知のように，この地点に留まっている。敵に対する貪るような情愛があり，好む人をただ貪るのである。　（Freud, 1921c, p. 105）

　これらの進展は，フロイト（1923b）が発表した心の構造論的モデルへの変更において，大きな役割を果たしています。抑圧された性欲というリビドー・モデルは，自我，超自我，そしてイドによって置き換えられますが，自我は，本能的な情念と，内在化された両親からの禁止と，そして外的現実の要求との間の調整役であるとみなされたのです。それは，情動によって妨害を受けない生活を達成する目的を持った，快／現実システムです（ウィリ・ホッファー〔Willi Hoffer〕博士は，40年後のロンドンでのセミナーで，「長老（the old man）〔もちろんフロイトのこと〕」がこの革命的な変化を彼らに紹介した時の，ウィーン精神分析サークルの驚きようを，私たちに話してくれました！）。

しかし，これはメラニー・クラインが，とても小さな子どもたちを直接分析治療しながら，彼女の考えを定式化し始めた時でもありました。「自我の中の沈殿物」もしくは「エディプス・コンプレックスの継承者」は内的両親対象となりましたが，これはメラニー・クラインが後に，子どもの想像の内的世界に棲みついているとして記述したものです。そうこうするうちに彼女は，乳幼児の情念の対象は実は母親の乳房であるということを確認し，そして自己の良い部分に対応する「良い乳房」と怒りに満ちた自己に対応する分離した「悪い乳房」を保つためのメカニズムを記述するために，スプリッティングと理想化の定式を考え出したのです。しかし，統合に傾くと共に，被分析者——子どもであるにせよ，大人であるにせよ——は，対象が——幼児性欲の前性器的段階（口唇・口腔性および肛門性）の攻撃によって——傷ついていることに苦しみます。自我理想，つまり「良い」内的な両親との同一化は，子どもの形成途上の性格に，愛情豊かな関係を築くための潜在的な能力を解き放つ成長へと向う方向性を与えるのです。
　「悪い」超自我との同一化は，罪悪感と懲罰に心を奪われることを意味しますが，それらは，おそらくサド－マゾヒズムの形や最終的には精神疾患という形で性愛化されます。「自我理想」と「超自我」という用語は，真の対象との関係性と，そのナルシシズムによる汚染との違いを明確に印づけることになったのです——後者においては，「悪い対象」はその性質を自己の悪い部分に負うものでした。このようにして超自我は，「導きの賢人であり友人」という両親機能に対立する状態で，心の中に設立されるのです。まとめると，すなわち性格は優勢に立っている諸同一化によって形成されますが，それらに帰属する性質は，分裂過程が自己の諸部分を諸両親対象へと侵入させるにつれて変わっていくのです。
　「投影同一化」という用語は，メラニー・クラインによって導入されましたが，両親対象の中への自己の諸部分の侵入を表現しています。その結果，両親対象はより子どもの自己のようになり，一方，対象の中に留まる自己部分は，それがあたかも大人である「かのような」妄想的な感覚を持つのです。両方の方向から，幼児と大人の違いは縮まります。
　しかしながら，クラインの死後，ビオンは，次のように主張しました。すべ

第8章

ての投影同一化が侵入性のものとは限らないし，母親の両腕や「母性的夢想」，「心／乳房」といったコンテイニング機能が，アンビバレンスの最初の対象なのです。実際のところ，結合したエディプス的カップルが，乳児の原初的思考のための思考者として，機能するのです。その場合，取り入れ同一化はその結果，心の中の構造として考えるための装置を獲得するのであり，その上に，自己は安らぎのためではなく，思慮深くあるための拠点を置くのです。

それから，分析のもっと後期の段階では，いくつかの異なった作用が同時に進行するかもしれません。もし，分析家がコンテイニングする心／乳房としての（内的な）資質を確立したならば，被分析者はそれを，彼／彼女の内的現実とリンクした転移のために用いることができます。

それは，思慮を欠いた報復はないであろうという希望的な観測のもと，侵入的な投影による不安の排泄のために用いられることもあるでしょう。それは，象徴的な思考を生み出すための有効な装置として，投影同一化のために用いられることもあるでしょう。それは，取り入れ同一化のためにも利用でき，その結果，被分析者の諸内的対象は修正され，そしてそれら自身が，安心感の源泉として，いや創造性の源泉としてさえも，発達し続けることができるでしょう。

次にお話しするのは，こうした問題点が検討されつつあった，分析の終結に向かう時期に得られた幾つかの臨床素材です。

ある被分析者は複数の子どもたちからなる家族の出身でしたが，母親の妊娠のうち，2回は流産でした。兄がいましたが，彼の狂信的な宗教熱は，思春期の彼女には苛立ちを覚えさせるものでした。彼が，母親の2度目の流産のすぐ後に，父親がセックスを迫り過ぎたので，母親の健康が危険な状態になったと言い放っているのが聞こえてきました。彼女はこの考えを途方もなく馬鹿げたものであると感じ，この兄のことを信心家ぶっているのだとみなしました。両親の関係についての彼女自身の見解は，両親がなんらかの力で不可思議にも互いに離れ離れであるという子ども時代の悪夢によって，潤色されていました（第5章で記述されています）。

兄の見解も，彼女の夢の見解も，外的現実の中には何の根拠もないものでした。そして，分析の進展は，すでに，彼女の絶望感の根底にあった閉所の世界から，彼女が抜け出すことを助けていました。私たちは，外的な「分析的心／

エディプス・コンプレックスと取り入れ同一化

乳房」の所有を放棄し，その結果として，分析が次に来る「分析的赤ん坊」に利用可能になる，つまり，彼女の内的現実において，彼女の心が，成長していく内的家族との同一化を発達させ続けられるだろうという見地から，分析の終了の期日を定めるという考えについて話し合いを始めました。心の中の性的カップルが，強迫的に支配されるか，別離させられるのか，それともそれらの喪失が喪に服されるのかによって，非常に異なった同一化が生じていき，それによって彼女の心の状態が影響されることになりました。性的カップルの生殖能力に対する［彼女の］無意識的な敵意は，いつもと同じように，［スプリット・オフされて］彼女の兄のものとみなされました——彼女は，母親が中年の後半になって再び妊娠したことを知って，兄が母が中絶をしようと思っていなければよいのだがといった時の差し出がましさを，新たな憤りとともに思い出しました。

一連の夢は，〈生まれたばかりの（in statu nascendi）〉自我理想の発達と同一化の過程のテーマを例示しています。これらは夢の完全な分析ではなく，関連する側面を抜粋したものです。

夢の最初の断片は，次のようなものです——

「私は，ビーグル（Biggle）〔第一次世界大戦の架空の最優秀飛行兵［5機以上の敵機を撃墜した空軍飛行兵］〕たちによって着古されたタイプの，流行おくれの革製の飛行用ヘルメットを被っています。それから私は二人の時代遅れの身なりをした紳士が住み着いている田舎の邸宅を訪問します。庭は砂利，水晶，岩に取って代わられています。男たちは私に，それはすべて村人たちに委託されていますと言い，そして私に，植物が水晶——というよりもむしろ，発光していて，月明かりに照らされている雰囲気——の中で成長しつつあるところを見せます」

彼女の最初の連想は，月明かりに映し出された，タージ・マハル廟（Taj Mahal）〔貴重な石が散りばめられた，ムガール国王が彼の妻のために建てた大理石の墓〕の庭園，プール，散歩道に向けたものです。彼女は，女性の性愛性と心性についての説得力ある理論を作り上げられなかったフロイトの誤りを修正した女性分析家について話す，ある女性の講義に出席していたときのことを思い起こしました。

第8章

　講演者は，それにもかかわらず，この件に関してのフロイトに対するフェミニスト的な中傷に反論していました。というのも，それは，優れた業績を生みだした彼の才能と勇気を評価し損なっているからということでした。
　私は，フロイトが精神疾患に対する闘いの英雄として，彼女の心の中でビーグルたちと結び付いているかもしれないこと，そして彼女が彼と同一化していることを示唆しました。彼女は，食卓の上のソルトミルの中の岩塩に言及しました，すると私の心の中に，二人の紳士と彼らへの信頼（父親の機能――石の睾丸？）を指し示している，「地の塩（the salt of the earth）」〔福音書には，イエスが弟子たちを塩にたとえる一節がある。イエスの弟子たちに対する信頼，期待を表している〕についての一節が，浮かんできました。
　その後の夢です――

　　「子ども時代に暮らした家の外で，母と一緒に彼女の庭園にいます。私は，園芸に関する母親の知識の豊富さに驚いています――普通は，それは私の父の方が興味を持っていることなのです。しかし何も生えていない，ぬかるみの地面があります。それから私は気づいたのですが，庭はありふれたものであり，地元の「市民農園」〔自治体によって自分自身の庭を持たない人たちに貸し出された狭い耕作地〕のようでした。それから，もう一つの心動かされる，焚火の傍の母親と抱っこをせがんでいる私の二人の幼い弟たちと一緒の光景」

　彼女はまず，最近実家に帰った時，母親と父親に温かい抱擁とキスで挨拶した――彼女がしなくなって久しい習慣――時の驚きを語りました。彼女はそれから仕事上の問題について話しました。ある黒人の少年が，父親が自分の腕を折ったと警察に訴えていたのでした。私の患者はその家族の福祉についていくらか責任を担っていたので，その父親と長時間にわたって面談しました。彼女は，その少年が嘘をついていたのだと結論づけました。そして，父親の見解――少年は宿題について嘘をついたことで罰せられるのではと怯え，走って逃げている時にころんだ――を信用しました。
　彼女の連想は，庭と母親の腕の中の安らぎという象徴を介した，内的母親と彼女の夫〔父親〕との関係についての，心の中での討論を示唆しています。し

かし，夢の中には，男性に対する関係が不毛な領域があり，そこには，彼女の兄によって言葉にされた疑念にあるような，何も育たない場所があるのです。父親の性愛は，未だ生まれていない赤ん坊に対して敵対的であるのでしょうか。それは，恐るべきサド－マゾヒスティックな超自我の懲罰的な性格を持っているのでしょうか。

　もう一つの夢です――

「私は子どもたちのパーティーにいます。しかし，風船と興奮から逃れたいと思っています。そこには，奇妙な一点の家具，キャビネットか書き物机と結合した一つの長寝椅子があります」（一つの結合対象）

　彼女は最近，ロンドンに住む両親と弟たちのひとりとその妻と会ったのでした。彼らはモデル・ハウス〔理想の家庭〕展示会（Ideal Home Exhibition）に行くことを計画しました。最初，その〈長寝椅子〉と書き物机は，彼女に面接室の中の家具を思い起こさせました。それから彼女は義理の妹について話しました。彼女は妊娠13週目で，先日の超音波検査で心をかき乱されていました。胎児の頭蓋骨の像は彼女を驚愕させました。というのは，後頭骨は未成熟の分離した状態で写っていましたが，頭蓋骨は押し潰されているように見えたからでした。

　私たちは，針でつつかれた風船のように，今にもうつへと崩れ落ちそうな，躁的な「子どものパーティー状態の心」から逃げ出そうとする苦闘について話し合いました。一方，〈長寝椅子〉と書き物机という結合両親対象は，内的現実と内的両親の結合した性愛の性質についての不確かさ――赤ん坊に友好的か，そうではないか？――に注意を引き付けました。彼女は暗い道を通って兄弟の住むフラットに向かっていました。そして，複数の若者グループの存在の影に脅威を感じました。彼女は自分が襲われる危険に瀕しているのかどうか心配しました。このことを巡っての彼女の不確かさは，サド－マゾヒスティックな性愛で損傷を受けた，未だ生まれていない子どもとの彼女の同一化と結びついています。

　もう一つの夢です――

第8章

「私はある少年に話しかけていました。彼の父親は死んだか，居なくなっていました。そして，その父親はかつて画家でした。壁の辺りにはカンヴァスがありました――私は彼に，絵――私にはピカソを思い起こさせましたが――を見ることによって彼の父親を思い出すように勧めました」

私たちの会話は，ここで再び，内的現実の世界についての不確かさの方へと，そしてアンビバレンスが母親と父親という結合対象と彼らのお互いの親密さ――その本質を彼らの性愛の神秘の中に見出す親密さ――に与える結末の方へと向きを転じました。ピカソの，彼の創造性に照らし出される混沌とした結婚と性生活，という話題性のあるテーマは，私たちをもう一度，福音書の詩趣ある一節に導きました――

偽預言者に気を付けなさい，彼らはあなた方に羊の衣を着て近づいて来ますが，その中身は獰猛なオオカミなのです。あなた方はその実によって彼らを知らねばなりません。人はイバラから葡萄の実を，アザミからイチジクの実を集めるのでしょうか。同様に，あらゆる良い木は良い実を結び，堕落した木は邪悪な実をもたらします。良い木は邪悪な実をもたらすことはできませんし，堕落した木は良い実を結ぶことはできないのです。良い実を結ばないあらゆる木は切り倒されて火の中に投げ入れられます。それ故その実によってあなた方は彼らを知らなければなりません。
(「マタイの福音書」第7章［15-20 Matthew, vii :15］)

乳幼児が持っている，大人の性愛に関する真実についての不確かさに当てはめてみるならば，これは，もし母親がもう一人赤ん坊を産むのであれば，性愛は良いものであったに違いない，ということを示しているようです。そして，もし赤ん坊が生まれないのであれば，その時はおそらく，母親の健康状態［という直接証拠］か，もしくは［父親の役割とは母親の健康維持に貢献することですから，母親の健康状態という］状況証拠からみた父親の性格から，［大人の性愛に関して］持論を形作ることができます。

分析は終わりを迎えましたが，およそ1年後のフォローアップのセッションで，

彼女は創造的な過程が彼女の心の中で活発に進んでいることを示す夢を報告しました——

「私は次のような夢を見ました。——私の母親はひとりの赤ん坊を産んだばかりであり，私は，家にいるかのように他の子どもたちの世話をしていて，そしてとても幸福に感じているところでした。それから産院で母は疲れてはいるけれども大丈夫そうに見えました。私が他の人たちに知らせに行っている間に，彼女は休息に入りました。しかし，私は防弾チョッキ〔甲殻〕を着た義理の妹に会ったのですが，彼女は私の知らせには関心がありませんでした。私が来た道を引き返す時，私はドアに付いていた鮮血のために一瞬怯みました。私は，母には会っていたのだから全く問題はない，それはただの飛沫だろうと自分に言い聞かせました」

夢について話し合っているうちに，それは，上述した，超音波の時に胎児の頭蓋骨の画像を見て驚愕した義理の妹であることが明らかになってきました。彼女はそれ以来，産褥期のうつ病にかかっており，そのことについて被分析者に話したがっています。彼女は彼女の月経と，それらがメチャクチャであるという彼女の感じについて話し続けました。そして，私たちの話し合いは，なぜ性愛が子どもたちの心の中で汚れたものになるのかについて，さらに，近づきつつある過ぎ越しの祭りと，戸口の側柱への塗り付け〔古代イスラエル人がエジプトを脱出する時，それを阻もうとしたファラオに対抗してエジプト全土の家庭の長男をエホバの神が殺戮した。イスラエル人の家庭は守護の目印として戸口の柱に仔羊の血を塗ったという故事〕，幼児虐殺，そして復活祭……へと広がりました。

はっきりしているのは，芸術的で科学的な創造性の源泉は解き明かされない謎でありましょうし，常にそうであり続ける，ということでしょう。

討論

Q：木と実のたとえ話は，子どもたちの発達が生物学的な両親との経験に依拠しているという考えを支持しているように見えます。

第 8 章

A：それは確かにある重要な要素です。しかしながらフロイトは，それ以外の尊敬され，愛される恩師の影響も認めていました。ですから，その他のものの影響から性格が荒廃する，という可能性もあるのです。子どもの想像はもう一つの変動要因です。父親に向かう感情の葛藤は結果に大きな役割を果たします――一方では彼は愛され賞賛されていますが，その時，そこには母親をベッドに連れ去ってしまうが故の憎しみもあります。そして子どもは，そうした大人の世界の側面についての好奇心を満たすためには，ただ想像を働かせるしかないのです。彼らの性愛の本質とは何なのだろう？　それは「赤ん坊に友好的」だっただろうか？　昨晩の授乳の後あんなにも皺が寄って空っぽに見えた彼女の乳房は，再び一杯に満たされて美しいだろうか？　彼女の目の中には愛情の光があるだろうか？　母親が赤ん坊に排泄させるように，父親は母親に「トイレとして機能してやった（has toileted）」だろうか？　乳幼児から見れば，父親の性的機能は母親のニーズに留意し，それによって母親が，卵子のため，未だ生まれていない赤ん坊のための世話をすることを含めた，彼女の仕事を続けることができるようにすることなのです。「夫婦の閨房」（Meltzer, 1992）から戻ってきたばかりの母親は，知られざる神秘の大人の性愛が善か悪かの状況証拠を求めて，しきりに詮索されることでしょう。分析家として，私たちは，同じ理由で患者が私たちの表情と全体的な状態を綿密にモニターするだろうと考えます。こうした事柄について考えることは，何が両親の寝室のドアの向こう側で起こったかを知らない赤ん坊の視点から見てみるならば，ずっと容易になります。唯一無二の証拠は，母親が戻ってきたばかりの時の母親の状態です。その経験で彼女はより良くなったようにみえるでしょうか，それとも悪くなったようでしょうか？　被分析者の男性との関係は，こうした思考の様式の影響を受けていました。彼女は良い父親というものへの信仰の念を失っていましたが，夢は，分析体験がこれを回復させつつあったことを示しています。私たちが分析を終結させる時，危機があるでしょう。そして，その理由から，私は，夢の世界における進展をモニターするために，分析の終結後も患者が私と接触し続けることに同意してくれることを望むのです。

Q：外的対象，それを再獲得するためには，それを放棄しなければならない，

という考えと，次のような，福音書の中の一節について考えています。「神の王国の中にのみ探し求めなさい……そうすればすべては天国であなたに与えられるでしょう」〔「最初に神の王国と神の義を求めなさい；そうすればこれらすべてはあなたの上にもたらされるでしょう」（「マタイの福音書」第6章［33, vi :33］）〕

A：私たちは心を理解しようと努めています。プラトンと宗教の聖典は，こうした心の側面を詩的に表現しようとする試みに関係しています。

Q：カインとアベルの物語が私の心の中に浮かんできました。同じカップルが悪い息子と良い息子を生みました。

A：分裂させられているのは父親と母親だけではありません，自己もです。悪い息子は悪い母親か悪い乳房，もしくは，悪い両親と手を組んでいますし，良い息子は聖母マリアと手を取り合っています。しかしながら，そうした場合には分裂が，地上の父と天上の父との間に残ったままです。以来ずっと，性愛の問題は，ユダヤ－キリスト教思想を悩ませ続けてきています。完全なる理想の獲得のためには，人は性欲を排除しなければならないようにみえます。次のことを思い出してみると役立つでしょう。メラニー・クラインは，その姿をフロイトの著作の中になんとか垣間見せた，自我理想という概念を救い出しました。フロイトの著作の中では，超自我と自我理想とは区別されていません。実践においてさらにずっと役立つことは，超自我を自己の迫害的側面，恣にさせるならば，「赤ん坊に友好的な」両親の自我理想（道案内人，哲学者，友人）を肘で押しのけて，その場所でその懲罰的な校長のような権威を主張するもの——事実上のビッグ・ブラザー（Big Brother）（もしくはシスター〔Sister〕）〔George Orwell（1903-1950）の『1984年』で描かれた全体主義管理社会における独裁者〕——として定義することです。こうした自我理想の区別，定義化は，精神分析に，子どもの心の避けられない宗教的方向づけとの，男神，女神としての母親と父親との，親密で納得の行く関連性を与え，そして西欧思想に及ぼすプラトン的観念論の影響を理解できるものにします。わたしたちの歴史では，音楽，舞踊，絵画，文学もまた，超越的なものを理解したい切望の現れとして，同じようにこうした心の中の神と親密な関係を持っていました。

Q：ケン，あなたは，外的な両親とは異なっており，内的な赤ん坊を生み出す

第 8 章

ことができる，取り入れられた両親が存在する，内的世界について語りましたよね。そこには「浸透（osmosis）」——内側を外側から隔てる障壁を越えて，どのようにして語るか——という問題があります。分析的言語はそうした微妙な出会いをさらにずっと親密なものにしてくれます。こうした見方はとても強力で，そして生の神秘——人が潜在能力を同一化を介して発展させていけるようになるために欲望しているものを放棄する必要性——を反映します。

A：言語の探求，表現様式の探求は，音楽や詩におけるあらゆる創造的な活動，そして，もちろん科学的な努力にとって重要な営みです。

Q：私は夢について考え続けています。私にとって印象的だったところは，母親の体内に入る諸ポイントが何か，そしてどのようにしたらそれらは適切に使用されうるのかです。母親の体内に入る父親のペニスは，彼女の内的世界に損傷を引き起こす侵入とみなしえます。それはまさに，ちょうどあの場所，超音波の画像の押しつぶされた頭蓋骨が想像された場所に入っていったのです。同じ言語が，内的現実と外的現実という異なった世界に言及するために使用されています。

A：そうした考えは，その後もつづく想像力がこうしたことから何を創り出せるかを考えようとする思索の出発点になりえます。

Q：病理的な空想とそうでない空想との間の境界は変化し続けているとあなたは言ってるのですね？

A：はい，私は，コミュニケーションすることが可能な地点，損傷を引き起こさないやり方で内側に入り込むことができる地点があるに違いない，という考えを持っています。

Q：あるいはおそらく，人類の間でのあらゆるタイプの親密さ，ないしコミュニケーションには，ある程度の貫入（penetration）が常に含まれています。

A：象徴的な貫入ですか？

Q：ビオンはどこかで，関係性の中にはある種の具象性がある——私たちは何とかして接触をし，そして退く，と言っています。

A：ビオンは母親の体の内側への貫入の問題を，乳幼児によって思考がその中に投影されうるコンテイナーとしての母親の心／乳房という考えを導入する

ことによって，より正確なものになるように変形しました。貫入は，まさにその母親の体の内側において，アルファ機能と呼ばれる心／乳房の機能によって，作業を施されます。

Q：最後の夢の中の，防弾チョッキを着た義理の妹は，自己のスプリット・オフされた部分なのでしょうね？

A：私はそう想像します。彼女が報告した外的現実の中の赤ん坊の超音波画像に関する心配ぶりと，彼女の内的現実におけるその相当物，内的母親の赤ん坊に関心がないこととには，つながりがあると思います。防弾チョッキは，ビオンが，発達上の障害物に直面したときに問題となる破局的な変化を示すために，「甲殻」という言葉を使っていたことを思い起こさせます。彼が持ち出した例は，オタマジャクシからカエルへの変化でした。メルツァーの地理的領域の「内的母親の内側」との類似性は明らかですし，そしてビックの「人工皮膚（second skin）」（Bick, 1968）ともです。この被分析者の「自己」は，彼女の「妹」自己とは対照的に，今や彼女の「内側の」場所から分娩・救出（deliver）されています。そしてそこには，彼女が今や，創造的な内的両親との同一化のおかげで，彼女の「妹」に対して助けとなる位置に居ることを，示唆するものがあります。

Q：異なるタイプの同一化の違いをもう一度説明してもらえますか？

A：5つの異なるタイプが考えられます。

1．〈取り入れ同一化〉は，［過剰投影同一化を行使した結合対象への侵入及び万能的支配を引き起していた自己の問題が，受容的なアルファ機能を持つ対象の理解によって処理されると，］結合対象が自己による万能的支配から解放され，良い結合した対象が［心の中へ取り入れられ，内在化されて，それが］心の中の構造として定着する時に生じるものです。その「自我理想」機能は，自己に対して発達的な方向性を与えてくれます（クライン），その心／乳房機能は，乳幼児の情動的経験の感覚印象のための，思考者として作動します（ビオン）。

2．〈投影同一化〉という用語は，ビオンによって描写されているように，

第 8 章

　助けを求めている自己部分が心／乳房によってコンテインメントされることを記述するために確保しておくのが，最もふさわしいものでしょう。心／乳房の内側にコンテインされた原初的な思考は，心／乳房の神秘的な「アルファ機能」による支援下で成長し，複雑に分化することで，内的および外的現実の経験について考えることに役立つものとなります。

3．以上のほかに，〈侵入同一化〉（もしくは〈自己愛性同一化〉）という用語が残っていますが，それは，［ビオンのコミュニケーションとしての投影同一化とは区別すべき，クラインが創始した時の意味での］元来のスプリッティングと投影同一化を記述するためのものです。そこでは自己の諸部分が諸両親対象の内部へと侵入し，結果として諸両親対象が理想的な性質を失い，そしてそれゆえそれらの機能も失います。大人と乳幼児の間の区別が失われるため，発達は損なわれます（Meltzer, 1982, pp. 50-69）。

4．〈自己愛的組織化〉は，自己が引き裂かれているが，そのいくつかの部分が両親対象に対抗してギャングとして作動するときに生成される心の状態を記述しています（Meltzer, 1973, pp. 51-57; さらに Meltzer, 1975, pp. 363-373; 1992, p. 46 も参照）。

5．〈付着同一化〉は，原始的なタイプの自己と対象の連接を描写します。そこでは，内的な両親対象は［内的なスペースを欠いた］二次元的なものとして経験され，そのため［自己からの投影物を］コンテインメント［してやるスペース］もなければ，［投影されてきたものについて］思慮してやる機能も持たないため，［自己は対象の外的なふるまいを］ただ模倣するしかないのです（Meltzer et al., 1974, 1975）。

　私たちは，これらすべてのものが心の異なった部分で同時に作動しており，注意がこのうちのどれかを思考ないしは行動のために選択していることを想像しなければなりません。これが，ビオンが彼の小説『未来の回想録』（1975-81）の中で描写した，心というものの概念なのです。

第 9 章

精神身体病的疾患と身体精神病的疾患

　「精神身体病〔心身症〕」的という用語は，そう記述されるやもしれない疾患の範囲が極端に変化しているために，その有用性を失ってしまいました。ビオンの「身体精神病的」という反転された名称は，この問題の本質が情緒の領域に潜む思考障害にあるらしいことをうまく気づかせてくれます――

　　最も進歩的な人間ですら彼らの思考を用いることができないのは，われわれ人類すべてが思考する能力が未発達だからであるが，それはすなわち，人間が探究する領域が，すべての探究は究極的に科学的なのだが，人間の不十分さによって，無生物の性質を持つ現象の探究に制限されてしまうことを意味する。

　　　　　　　　　　　　　　　　　　　　　　　　　　（Bion, 1962, p. 14）

　思考の起源に関する彼の理論を確立するために，ビオンはフロイトの論文「精神現象の二原則に関する定式」に立ち返りました。この論文は快感原則と現実原則との間の葛藤について記述されたものです――

　　浮かんでくる考えの一部を，それが不快を生み出すという理由で備給から排除した抑圧の場所は，判断の公平な決定にその場所を取って代わられた。判断

第9章

とは，与えられた考えが真実か偽りかを決定しなければならないものであり，つまりは現実に合致するか否かを決定することである。（Freud, 1911b, p. 218）

そしてビオンはこれ〔判断〕を，抑圧というよりもむしろ，防衛機制としてのスプリッティングと投影同一化とに関連させ，後者の「コンテイナーとコンテインド（容器と内容）」という側面に力点を置いて，考えました。彼は，乳幼児的自己の排泄された部分のためのコンテイナーとしての，「良い乳房」の取り入れ同一化が，乳幼児に，メラニー・クラインによって記述された安心感に加えて，考える能力を授けると考えるようになりました。

そして外的母親の「母性的夢想」の能力が，乳幼児の投影に対する受容性を測る尺度になります。彼はこうしたことを，「考える人を探し求める考え」と描写し，考えが神秘的な「アルファ機能」によってコンテイナーの中で作業を施される，と想像しました。しかし，いかなる理由であれ，母親の活発さが損なわれてしまえば，そのとき乳児はこのコンテインメントの十分な経験を得ることができないかもしれませんし，考えることのできない情緒的な苦痛を被るかもしれません。同様に，もし乳児に内在化された心／乳房が，その後に損なわれるか失われるかすると，安心感の喪失に加えて，内在化が初めからない場合ほどではないとしても，マインドレス状態との同一化へと向かう退行が起こるでしょう。

ビオンは当初，マインドレス状態を「原始心性（proto-mental）」と記述しました。それは，乳幼児が，苦しんでいる感情が何であるか，それが心にあるのか，身体の中にあるのか，を知らないことを意味しました。おそらく，痛みこそが，抑うつ疾患になったり，身体疾患や精神身体病的疾患にさえなるかもしれないものなのです――それは「原始心性的なもの（prototomental）」なのです。乳幼児は，〔腸内〕ガスによる膨張と，いつになったら母親は戻ってくるのだろうという不安とを，いったいどうやって識別するのでしょう？ 長い年月の経過や身体の成熟によって上塗りされながらこの問題は存続します。しかしそれは，それでもそこにあるのです。それは情緒的な苦痛に関して思考することの困難です。20年後，30年後，いや40年後に，この乳幼児は患者となって一般診療医の前に現れるかもしれません。内科的見地からのものであれ，化学的見

地からのものであれ説明されるのを拒む痛みを訴えて。しかし基底にある問題は認識論的なものなのです——つまり，考える能力の障害なのです。

ビオンは思考障害の性質を，象徴機能を用いて思考することができないこととして論述しました。パーソナリティの中には，このことが思考せずに行動する傾向になるものもあれば，感情の未処理の圧力が，行動化に似たやり方で，身体組織（tissues）へと転換されるものもあります。その過程は本質的には謎めいたままですが，精神分析実践において，患者の内的対象の障害された考える機能を回復させるために，分析家が「心／乳房」として機能するという概念は，極めて有益なものです。もしも転移関係が「母親の夢想」と等価なものを与え，情緒経験について思考する能力が回復されれば，復活した思慮深さは，迫害的な色調よりもむしろ，抑うつ的な色調を帯びて経験されることでしょう。

ビオンは精神病性疾患の理論を作り上げ続け，その中で，第一義的な失敗とは，抑うつ的な感情的苦痛に対する防衛があまりに激烈であるために，それが考える能力の破壊をもたらすことである，と考えました。

＊　＊　＊

ここで取り上げるのは，ある精神身体病的疾患を抱えた患者の分析の一部です。彼の内的な両親対象は，もはや彼が「彼の考えを考える」ことを援助するために活用できず，転移という「分析的心／乳房」への接近の経験によって，回復されたのでした。

物静かに語るその中年男性の生活は，幾年月にもわたり，不可思議な性質の不快さによって障害され，その主症状は筋力の低下や倦怠感や活気の無さでした。それは筋痛性脳脊髄炎 Myalgic Encephalomyelitis（M. E.）という病名が与えられてきました。彼は同じ症状で苦しむ人々の協会に参加しました。その協会は，この疾患は身体的な原因を持たないという医学的権威者たちの立場に反対するキャンペーンを張っていて，会員たちはときどき彼らの苦境について討論していました。彼は次第に就業の時間を減らして，さまざまな民間治療家や催眠術師たちに相談するために時間を使うようになっていました。

彼の話にはひとつの重要な事実がありました。それは，彼の母親が彼の幼少

第9章

期に亡くなったことです。彼の父親は再婚していましたが，彼の母親の病気や死を取り巻く外傷的な出来事や，それに引き続いた生活の混乱が，彼の心を支配していました。彼の夢生活は，死んだ内的母親対象との同一化を明らかにし，彼の活気の無さに光を投じました。分析の初めの頃，彼は自分自身について，まるでプラスティックの袋，死体を中に入れて搬送する身体用の収納袋の類，の中で生活しているかのように感じている，と描写しました。これは，母親の死後，彼女の死体を搬送した幼少期の出来事に彼が無意識に捕われている，心の部分でした。

彼は，子どもをもつことを望んでいない独身女性との低調な関係の中へと身を落ち着かせていました。彼女は自分の母親も父親も人生の早期に亡くしていて，彼女にとって世界は子どもを育てるには安全な場所ではありませんでした。患者自身は夫にも父親にもなりたいと切望していたので，彼にとって彼らの提携関係は，脱出口のないように見える，プラスティックの袋のようになっていきました。愛と欲望はセックスに取って代わられていましたが，分析の初期の次のような夢に示されたように，後者は不吉な意味を帯びていました——

「私は教会堂の屋根裏部屋にいる数名の人々を警察が救出する手助けをしています。天井から降りてきているハンドルのようなものがあります。アリソン〔彼の恋人〕が，靴下を履いている以外は真っ裸のままで，階下に降りてきて，私に向かって階上に上がってくるようしきりに呼んでいます。階上で彼女は死体の山を発見していて，その死体のひとつは彼女の友達のジョイスだったのでした」

彼の最初の連想は，数名の若い同性愛の男性たちの失踪を警察が調査しているというメディア報道に結びつけられました。事実彼らの遺体はアリソンの家にほど近い庭園から掘り起こされていたのでした。そして彼は，アリソンが一，二枚の家族の肖像画を屋根裏部屋に収蔵している，と述べました。彼女には，彼女の母親から数千ポンドの価値のある絵画を遺言で譲渡された友達がいたのですが，彼女の兄はそれに憤慨していました。このことが，彼自身の家族の遺産に関するもめ事について話し合うことになりました。ジョイスという名のア

リソンの友達は，私が屋根裏部屋の「梁（joists）」と結びつけるまで，彼に何の考えももたらしませんでした。驚いたことに，彼はくすくす笑いを堪えようと必死でした。彼は子どもの頃の滑稽な出来事を思い出したのでした。それは，彼が子どもの頃に住んでいた家の屋根裏部屋に父親がいて，父親が梁の間を踏んだところ，足が階下の寝室の天井を突き抜けたというものでした。

アリソンの靴下（socks）——つまり「セックス」——を除く全裸は，二人の間の不毛な，避妊具を使った妊娠回避的な情緒的なつながり——二人の心の想像力の死や，彼の精神の栄養不良状態を反映した不可思議な疾患〔筋痛性脳脊髄炎（M. E.）〕を表していました。

このような彼の心の上での死体の発見——その夢には不気味な「アンネ・フランク」的雰囲気がありました——と死者との同一化は，彼のパーソナリティ構造——そういうことがなければ，思いやり深く，親切だった——の一因となっていました。子ども時代の思い出における父親の決まりの悪い瞬間に対する，そのどうにも押さえられないはしゃぎぶりは，驚くべきものでしたし，彼の陰気な気分や物腰を解き放つものですらありました。権威の失墜への歓喜は，父親への愛情とは結びつかない何かでした。彼の悪意は，想像の中の姿のはっきりしない人物たちや，政界の尊大な権威的人物たち，幸せな結婚への希望を阻むものとして彼が経験した束縛的な教会に対して，主に表されました。実際に，家族の誰かを心から軽蔑することができるかもしれないという考えは，外向けには温厚な彼の性格にとって，忌まわしいことでした。

彼が彼の世界でおこる大人の能力上の失敗にたいして学童児的なはしゃぎぶりを見せることは稀でしたが，ほっとさせるものでもありました。むずかしい抜歯（extraction）〔客から金を搾り取ること〕に失敗してもうけ損う年老いた歯医者に向けられた家族内でのジョークに対し，彼がみせたどうにもできないくすくす笑いのひきつけは，「天井から足の出た父親」という挿話を彷彿とさせました。私〔筆者〕の失敗が彼のパーソナリティのある部分を喜ばすのかもしれないという考えを，彼は勢いよく却下しました。

彼の精力は次第に回復し，自分の身体病的疾患が現実に「治癒可能なもの」であるという希望を持ち始めました。分析の3年目に次のような夢を報告しました——

第9章

「私は分析セッションをしています。しかしカウチが，父親と私とがよく一緒に仕事をすることを楽しんだ，テーブルになってしまっています。私は，あなたとあなたの助手――少なくとも，彼はボクサー・パンツを着用しています――である若いボクサーとによって，襲われてしまいます。私は彼が，学生時代の知り合いの，運動が得意だった男の子であると悟ります。彼は私にパンチを見舞い私の肩を引っ張り，まるで肩を脱臼させようとしているかのようです。私は金切り声をあげて叫んでいます，しかしあなたたち二人は怒り出し，他の患者に迷惑をかけないように静かにするよう命じます」

彼は，彼が最初に M. E. と診断された時の，ある整骨療法士――実際に，ある助手と一緒に仕事をしていた――の診察を思い出しました。彼は，ヘビー級チャンピオンのフランク・ブルノが，週末，公園で，アリソンと彼の傍を歩み過ぎていったことに触れました。彼のパーソナリティにおけるスプリッティングはいまや明白です。彼は，分析が彼を，考える能力を窒息させているプラスティックの袋の中の場所から「混乱・脱臼させつつある（dislocating）」と抗議していますが，一方では，内面においても外面においても前に歩を進めている分析の作業を楽しんでいます。

乳幼児的（自慰的）性欲と成人の性欲との間の違いが，話し合いの対象となり，そしてこの後，彼はアリソンと別れ，まったくタイプの異なる若い女性を求めました。これはセックスなき無性の情事でした。彼女は神経過敏で，触られることを好みませんでした。彼本来の性格のある一面がこの交際相手の取り替えで姿を現しました。私は，彼女の独占欲の強い嫉妬深さについてや，彼女が彼でさえ「感情的過ぎる」とみなしたということを聞きました。彼女は分析が悪い影響を及ぼすものだとの結論を出しましたが，二人は互いの住居をきれいにするために互いに助け合い始めました。いちど，一緒に掃除をしたときには，彼が彼女を両腕の中に抱きラジオに合わせてダンスしようとすると，彼女は身をよじらせて逃れたのでした。

彼のパーソナリティは温かくなり始めていました。彼は一日勤務の仕事に復帰していましたし，そして今や彼の M. E. について私はなにも聞きませんで

した。嫉妬心という話題は，彼の交際相手の分析への嫉妬心も含め，以前よりも常に触れられるものとなり始めました。しかし彼女の，体に触れられることへの嫌悪感は，彼自身の情緒的な問題の一部でもあり，そして長く引き続くこのためらいの時期によって，彼の絶望感はぶり返すことになりました。

　彼は今では，話すことを強制されることから彼自身を自由にするために，スケッチブックをセッションに持ち込むかもしれないと仄めかしました。しかし彼が実際にそれを持ち込むと，状況はぎこちなくなりました。ある日，彼が，彼の脇にスケッチブックを閉じたままにしてカウチに横になっていると，心の中に二つの映像が浮かんでいるのに気がつきました。一つ目は，水仙が卵から伸び出て成長していく映像で，ふたつ目は，金魚が葦の間を泳いでいる映像でした。私たちは分離——水仙は球根から，金魚は水から——の不安について討論しました。彼は，美術講習，それから人生講習に出席したいという欲望を見出しました。母親の身体が意味するものに関する私たちの討論と，彼の審美的な感受性とは，深まりを見せました。私は言外に，裸体を素描したり，モデルの顔や乳房を素描したりすることへの彼の興味が，心理学的肺を発達させ，彼の想像力を広げるための，なんらかの助けになっているかもしれない，とほのめかしていたのでしょうか？　子どもの頃の母親の死は，本当に，彼がある種の精神的酸欠状態で苦しんでいたことを，意味していたのでしょうか？　死ぬことも生き返ることもある内的対象，という概念への私たちの探求は，勢いづきました。

　しかしひどい絵を描いてしまうという問題が起きました。仲間の学生が，彼の労作のためにモデルに謝罪するまでに至っていたのでした！　彼は，母親の友人である「ちゃんとした」婦人を裸体で描くという考えが浮かんでくるのに気づいてびっくりしました。彼女は描かれたいと考えている，なんてことがありうるだろうか？　と彼は私に尋ねました。

　彼の想像力は広がりつつありました。そして彼のパーソナリティ——おそらく女性性——彼が分析家に向ける親愛の感情によって［彼のパーソナリティが］「触れられること」に分析の始めから相対してきた部分——の理解力もまた広がりつつありました。幾分かの悲しみとともに，彼は今や，彼が愛せるかもしれないと希望を抱いていた女性とも別れてしまい，一方，分析は行き詰まりの

119

第 9 章

時期に入りました。彼は，この治療の行き詰まりを突破するための試みとして，分析の一時的な中断を試すことに（Meltzer, 1968）十二分に意欲的で，しばらくの間セッションの回数を月一回に減らす一方で，私たちは彼の夢のモニターを続けました。ある期間を経て，再度セッションの回数が増やされ，さらなる前進を遂げました。時間の経過とともに彼は，とある別の女性のことに触れるようになりました。この関係はついに結婚へと導かれました。後日私は彼らの最初の子どもの誕生に際して，彼の喜びをあらためて聞くことになりました。

　この分析経験――双方を勇気づけるものですが――についての私の理解は，彼の子どもの頃の母親の死が，その後，彼が十分に世話され，知的な発達は損なわれなかったとしても，彼の性愛の情緒的領域に影響を及ぼしたというものです。死せる内的母親対象の内部に閉じ込められるという彼の無意識的空想や，いつか救助されて脱出できることへの悲観は，ついに彼女（母親）が生き返り，彼を彼女の美で魅了し，それに応答する必要があるという転移経験のおかげで，審美的感受性から生まれた好奇心に取って代わられたのでした。

討論

Q：自分がプラスティックの袋の内部にいるという患者の感覚は，母親の直腸の内部に閉じ込められる，つまり閉所に閉じ込められるというメルツァーの概念と関連があるのですか？

A：まったくその通りです！　メルツァーはビオンの認識論的メタ心理学を，どのようにして彼自身の地理的メタ心理学という概念へと明確化していったかを記述しています。両者の直接的一致点は，母親の心／乳房への接近が，母親の身体の外部からによってだけ可能であるということです。「内部の者たち」は，ビオンの不合理性，非象徴性，基底的想定グループに相当します。

Q：私は，あなたが，精神身体病的疾患は，ある面，精神病的思考様式と等価である，と言っていると理解しています。ビオンの「原始心性（protomental）」とは何を意味しているのですか？

A：「原始心性」という言葉は，グループ心理学の討論においてビオンが使っていたものです（Bion, 1961）。この言葉は，最も原始的な心性を意味します

精神身体病的疾患と身体精神病的疾患

が，彼はそれを母体（マトリックス）であり，その中では心と体が未分化であると想像しました。その後彼は，感情状態の感覚印象は，心／乳房の元で，母親の夢想という神秘的な「アルファ機能」によって，象徴の創造を介した分化が起きるまでは，合理的に考えられるものにはならない，という理論を発展させました。加えてビオンは，そこには，象徴的思考に活発な敵意を示し，それが形成途上にある時にそれを破壊しようと目論むパーソナリティ部分が存在すると考えました。精神病的疾患は，抑うつ的な苦痛に対して心の死を苦し紛れの防衛として使用するパーソナリティ部分による，思考装置に向けられた猛攻撃の結果です。アルファ機能によって修正されないままの情動的経験の感覚印象や，あるいは反－思考によって断片化され修正された思考は排泄され，身体精神病的疾患として，無思慮な振る舞いとして，感覚器官を通じて排泄される場合には幻覚として現れるのです。

Q：けれどもそれではまるで統合失調症者がいつも精神身体病的疾患に苦しんでいるかのように聞こえますが，私には，彼らが，その言葉の通常の使われ方という意味において，そうしているとは思えないのですが。

Q：精神病的機制を扱っている場合，そうした機制が，心を必死に支配しようと目論んでいるために，分析を圧倒してしまうという危険性はありませんか？

A：臨床像というのは，パーソナリティの中のさまざまな部分が，外的現実および内的現実から心の中へとやって来る感覚に関与している知性や注意を，そして感覚に対して取るべき行為を支配しようと格闘する中で，そのどの部分が優勢になるかで決まってきます。ビオンは，破綻の恐怖という問題において，それを破綻の恐怖と「突破」の恐怖との関連性に照合させてみることで，答えました。メルツァーのそれと対応している見解は，統合失調症における危険性は，閉所から抜け出してくる地点，抑うつポジションの峠にあり，そしてこれまで人生を無駄にしてきたという，非常に苦痛をともなう実感と関連性がある，というものです（Meltzer, 1992）。

Q：私がしばしば精神病的疾患を持つ患者に見る心気症と，精神身体病的疾患との違いとは何でしょう？

A：心気症は，身体の一部が障害されているという不安や妄想的な信念を伝え

第9章

るためのものと理解されます。したがって，それを，内的両親対象が死んでしまった，あるいは傷つけられてしまったという空想としてみることが役に立ちます。ビオンが記述している意味での，精神身体病的疾患では，身体器官に構造的な変化が起こっています。私がここに提示した患者では，心気的要素も大いにありました。

Q：世間的には，精神分析は，治療に対する以上に，芸術や文学の批評的鑑賞に対して，大きな貢献をしてきていると言われています。

Q：芸術はそれ自体に治療的な力——心に生命力をもたらす効果——があります。世間で言うところの「心を向上させる」効果があります。

A：芸術が治療的効果を持つためには，芸術家は十分な才能を持たなければなりません，そして読者，視聴者，鑑賞者もそうでなければなりません。同じ考えが，精神分析の協働関係にもあてはまります。

Q：さしあたって臨床素材に戻ってみると，私はあなたが，メルツァーの審美的メタ心理学とこの被分析者の素材は関連があるという方向で考えを巡らそうとしている印象を持ちました。私は実際，自分が絵を描くことに興味を持つことに彼が不安を感じているという印象を得ましたが——これは「美への憂慮」という考えと関連性がありますか？

A：私もそう思います。それはここでは，とてもはにかんだ目立たない形で，被分析者の寡黙な物腰と気脈を通じた流儀で現れています。私たちが以前討論したように，「美への憂慮」というメルツァーの言い回しは，母の〈不在〉と対立するものとしての母親の〈現前〉の中での乳幼児の不安と，彼女の顔や乳房——そして母親 - と - 乳幼児経験のその意味——という美によって惹き起こされる審美的擾乱とを記述するために，メルツァーによって新しく創り出されたものでした。メルツァーは，「apprehension（憂慮）」が，（英語で）「知覚」と「不安」という二重の意味を持つがゆえに，全くふさわしい表現と気づいたのでした。「審美的葛藤」は，外的美が性格の醜さを隠蔽するかもしれない，という心配（worry）から生じます，しかし侵入によって真実を発見しようという企ては，観察者誤謬，観察者汚染を導き入れることでしょう。結合対象についての真実は，想像に委ねなければなりません。「憂慮」はまた，授乳後の空になった乳房の皺がおそらく乳幼児に死すべき

人間の運命の暗示を与えるのとまさしく同じように，美にも年波がよることをも意味しています（Meltzer & Harris Williams, 1988）。

Q：彼の仲間がモデルに謝罪しましたが，それは，創造的な努力に対してよくある反応のように思えますが——論文を書くときだって……[3]。

A：その通り。そしてその上，「ちゃんとした婦人」が裸体で描かれたいと欲しているという，彼の考えがあります。

Q：それは，精神分析がちゃんとしたものかどうかという問い，そして「裸の真実」がまさにちゃんとしたものであることの困難さを提起しませんか？

A：同感です。ふりかえってみると，おそらくあの時点で患者は，私が彼に望んでいることが何であるか，気にしていました。その答えは，親子関係の場合におけるのと似たものです。発達のための潜在能力が現実のものとなることなのです。

訳注
（1） Frank Bruno（1961-）。イギリスのプロボクサー。第18代 WBC 世界ヘビー級チャンピオン。1995年9月2日，当時世界チャンピオンだった Oliver McCall に挑戦し3-0の判定勝ちを収め世界王座を獲得。1996年3月6日，服役後仮釈放された Michael Tyson に再戦し3回 TKO 負けを喫し王座陥落。この試合を最後に引退した。
（2） 乳幼児の心が発達するかどうかの最初の分岐点を，ビオンが母親（乳房）の不在という不安においたのに対し，メルツァーは現前する母親のもつ美が及ぼす乳幼児への直接的な知覚的衝撃という不安に乳幼児が耐えられるかどうかにおいた。
（3） 創造には，秘密を覗き見したいという倒錯的な欲望に汚染される危険性が伴うこと。

第10章

エピローグ——閉所嗜癖と「永遠の哲学」

　精神分析における歴史的なアプローチ，そして内的現実と外的現実の間の混乱についての研究は，探求者を思想の他の関連領域——そこでは精神分析が，眠れる森の美女のように，発見してくれるのを待ち侘びている，と私は想像するのですが——，芸術家や科学者たちの人生や仕事，そして宗教や哲学の歴史へと導きます。

　フロイトは宗教は錯覚であると書きました。彼は自分が無宗教者であると宣言し，そして人間を「本能的な願望に支配された劣った知性を持つ生き物」(Freud, 1927c, p. 49) であると記述しました。ゆえに，彼の理論では，夢は「願望充足」です。しかし実際には，彼は大いにその理論を無視し，夢を内的現実と外的現実との間のコミュニケーションとして扱いました (Meltzer, 1983)。

　二つの現実が，クラインの業績を解く鍵です。彼女は，10歳のリチャードが，両親の家庭の世界とはまったく異なった内的世界，すなわち彼の自我理想たちの地位を超自我たちが奪い取って巣くっている世界に住んでいることを発見しました (Klein, 1961)。フロイトの両親カップルへのエディプス葛藤が苦痛の源泉である，という見解は，十分に立証され，さらに自我のスプリッティングが，その苦痛に対する原始的な防衛機制であることが明らかになりました。

　ビオンとメルツァーは，それぞれ独自の方法で，これを，良いものと悪いも

第 10 章

のとに二分された，乳幼児的自己たちとそれらの神々たちとの間の内的対話として取り上げました。ビオンの精神分析的小説（Bion, 1975-81, Book3, p. 106）では，おしゃべりな聖職者が長々と宗教の問題について議論します——

> ロビン：なぜ神を無理やり持ち出すんだい？　私たちは，彼の存在の証明となるものを一切持ち合わせてないというのに。
> 聖職者：なるほど。しかし，私たちが神が存在することを証明できないという事実が重要なのは，私たちの自己賞賛的な自己にとってだけなのかもしれません。「精神の自らの酵母による自己発酵は，精神なき愚鈍なパン生地たる肉体の，その味を腐敗した酸いものとなす」と，ある詩人は歌っています。「しかし腸内ガスで腹膨れ，そしてきな臭い靄った空気を彼らは吸う」と，彼よりさらに古のある詩人は歌いました。
> ローランド：あなたが引用したその二つが，対立する宗派のものであることは，口にしなかったね。
> ロビン：対立している宗派からのもの，その通り。でも神があるということに同意している点ではひとつなんだよ。

［ビオンは当初，G. M. ホプキンズとミルトンによるこれらの引用を誰のものか同定し探求することについては，読者の好奇心に委ねましたが，しかしその後，「鍵」を提供しました（Bion, 1980）］〔1980年出版の「未来の回想録」には，読解の手がかりを与える「鍵」が付けられている〕。

　メルツァーの精神分析的「神学」は，起源論的であり，かつ栄養学的です。天国は，母親の，外的であれ内的であれ，乳房の元にあります。しかし閉所嗜癖者は，空想の中で，母親の内的乳房の中へと侵入し，手始めにオイディプス王が彼の父親にしたのと同じように乳首をあっさりと始末します。次に，内的母親の直腸という地獄への避けがたき転落が起こり，そしてそこで，超自我というサタン的天使である，糞便たるペニスによって，拷問にかけられます。母親へと——その内側へであれ，その外側へであれ——向かう情緒的な引力だけが，情緒的な外的空間に落下することよりもいっそう危険な，精神病における「どこでもないところ（nowhere）」に逆らうのです（Meltzer, 1992）。

エピローグ——閉所嗜癖と「永遠の哲学」

* * *

　こうした精神分析の発展についてのより良き理解のためには，私たちは『夢解釈』に立ち戻らなければなりません。そこでフロイトは以下のように書いています——

　　有史以前の夢の見方は，疑いようもなく，古典となった古代ギリシャ，ローマ人たちが夢に対してとった態度の中に，木霊している。彼らは，夢が彼らの信じている人間を超えたものが存在する世界とつながっていて，神々や守護霊たちのお告げをもたらすものであるということを自明のものとしていた。
　　　　　　　　　　　　　　　　　　　　　　　　　　［Freud, 1900a, p. 2］

　クラインの概念は，「有史以前」が「乳幼児期の無意識的経験」に，「人間を超えたもの」が「内的現実」に，神々や守護霊たちが「諸内的対象」に置き換えられるならば，これに矛盾するものではありません。
　フロイトは続けて以下のように書きました——

　　古代ギリシャ，ローマの人々によって採用された科学以前の夢の見方は，確かに彼らの全体的な世界観と完全なるハーモニーを奏でており，その世界観は，実際には彼ら自身の心の中だけで享受している現実を，あたかも現実であるかのように外的世界へ投影させることになったのである。　［Freud, 1900a, p. 4］

　振り返ってみるならば，フロイトが「狼男」の夢に与えた「解答」の中には，クラインの「スプリッティングと投影同一化」の前兆のようなものが見られます。エディプス葛藤の驚くべき別の形として，彼は，被分析者が，幼少期に原光景——彼の両親の「騎乗位（a tergo）」性交——を目撃し，そして性的興奮を排便で表現した，と結論づけました。この奇想天外なシャーロック・ホームズ張りの結論は，糞便状の「男根像（phallus）」による肛門の刺激を経由した性交の行為で，女性性要素と男性性要素の双方に同時に同一化する空想——そ

第 10 章

うフロイトは提案したのですが——の表れでした。さらに，そこには「性交中の母親に取って代わるために——父親に関する彼女の場所を占めるために」（Freud, 1918b［1914］, p. 101），母親の子宮の内部にいたいという願望があります。

　数カ月後，心の中で問題を熟考し続けたフロイトは，「その空想は子どもの嫉妬心を明らかに満足させる」（Freud, 1919e, p. 187）——つまり，両親の性器による性交渉は，幼児の心の中で「汚されて」，肛門的サド－マゾヒズムへと貶められてしまった——と付け加えました。この「密航者」の子どもは，自分自身を閉所に置いてしまい，そして混乱した女性的／同性愛的マゾヒスティックな同一化の中で，「自分の罠に自分ではまった（hoisted by his own petard）(3)」状態にあります。肛門的マスターベーションや排便における肛門の粘膜の興奮は，多種多様な混乱——大人／子ども，肛門／膣，糞便／ペニスの混乱——を生み出し，そして諸内的対象の植民地化と植民地化によって悪質になった状態の諸内的対象との同一化は，性格に影響を及ぼします。エディプス葛藤は，治すべき症状としてよりもむしろ，そのために奮闘努力すべき文化的な偉業として現れてきます（Meltzer, 1966）。

　エディプス的観念は，子どもの外的な両親の結婚に対する耐えられなさとして始まりましたが，クラインは，内的な両親の結婚に対する耐えられなさへと拡張しました。ビオンと共に，その象徴的意義は，内的，外的現実の双方の真実に対する耐えられなさという含みを持つことになりました。メルツァーは，心の地理という視点から，心の創造性の中核には，内的両親の夫婦の閨房での性交があるという見解を，ミルトンの『失楽園』の助けを借りて描き出しています（Meltzer, 1992）。メルツァーは，この聖なる場所への侵入を期待した喜び，避けられない定めとして，叫喚の涙——閉所の拷問——に終わるものを，「閉所嗜癖」として描写しました。

　内的な両親の「夫婦の閨房」は，乳児自身の注意を分裂させます。それは，外側からよくよく眺めてみれば，そこには芸術的－科学的－神学的想像力を豊かにするものがあります。しかし覗き見趣味のポルノ的注意もまた，それに喚起され，そこには想像力に委ねられるものは何もなく，それにより想像力は遠からず，汚れ，使われなくなって萎縮し始めます。このパーソナリティのスプリッティングは，黙示録的絵画や文学でよく知られています。例えば，このス

エピローグ——閉所嗜癖と「永遠の哲学」

ウェーデンボルグ(4)によるものを見てください。

　悪魔は言った。「すべての人々は，良き精霊と天使を気にしない限り，たとえ彼らが最も卑猥なものと呼ぶものであろうとも，彼ら自身の楽しみを享受することが許される。しかし，私たちの喜びの性質によって，私たちは良き精霊と天使を気にせざるを得ない，そうして私たちは，監獄に投げ込まれ，そこで私たちはひどく苦しむ。私たちの快楽の抑制と保留を，彼らは地獄の苦しみと呼ぶ。そしてそれは，また内的な苦悩でもある……。　　　[1768, p. 78]

乳房の内部の「天国」を手に入れ，そこで天使のような状態という錯覚状態を味わうことができた閉所嗜癖者は，怠惰，独りよがり，うぬぼれ，全知などといった，(他の人々の中ではさらにずっと顕著に見られる)嘆かわしい特徴を帯びた，自己と自我理想の間の混乱をみせます。続いて地獄への転落が起きれば，躁-うつの周期の一巡目が完成します。

ある男性の5年目の分析における，二つの連続する月曜日の夢は，これらのテーマを例証するものです。最初の方の月曜日の夢において，

　「彼は，ある教師と共に，友人のひとりとバス観光をしていました。友人はしばし席を離れ，そして戻って来るや否や，バスのトイレの中で祖母とセックスをしていた，そして彼女は"セクシー (sex bomb)"〔性的魅力のある女性のことを指す俗語であるが，bomb には‘大型のマリファナタバコ'という意味合いもある〕だったと告げました」

被分析者は，この夢とその連想に，困惑すると同時に衝撃を受けました。観光バスという考えは，分析の休みの間に友人のひとりと一緒に行った，予定を延長した休暇旅行から来るものでした。その教師は，彼の学生時代の指導教官であり，彼が力不足と感じている人でした。夢の中の友人は，「女たらし」のあるグループのひとりで，その休暇の間，彼にマリファナやコカインを提供していました。その夢の中で，内的父親は，介入できないインポテンツな無能力者で，ただの「お母さんバス」の運転手——女たらしと反対の，労働者——に

第 10 章

成り下がっていますし，一方，教師は，内部の者たちのギャング（自己愛的組織）のひとりになっています。しかし，夢の鍵になるのは，「祖母」です。彼は，分析の早い時期に子どものいない伯母――彼の母親のかなり年上の姉――が，実は彼の祖母なのではないかという疑念について話していました。彼女の名前は，彼自身の名前の女性版であり，彼女と一緒だと，彼の性格の「幼い天使」の側面が，好機とばかりにその姿を現しました。しかし，最愛の母親への「彼の不誠実さ」は，彼が 1 歳になったばかりの時に起きた予期せぬ妹という赤ん坊の出現に対する，つまりは復讐でした。分析の休みと週末によって，転移の中にそれと関連する影響があらわれつつありました。

こうした肛門的マスターベーションによって生じた同一性混乱の証拠によって，突然，危機が起こりましたが，その週にそれに取り組んだことで，翌週の月曜日には，全く異なった様相を呈しました。彼は以下の夢を見ました――

「彼は，河口の観光客向けの名所地区から出発して，ある田舎町へと向かって行っていました。彼の両親と他に二人の女性がそこにいて，遠くに見える，雲を頂いた，斜面に小さな町が点在する山の方を，慎重なやり方で指し示していました。彼らは町のモデル――彼の目的地の模型――を彼に見せました」

「模型」は，前の週の金曜日，彼が私にロンドンにあるフロイト像についてよく知っているかどうかを尋ねた質問に，私が面接室の棚の上にあるその「模型」を指差すことで答えた時の出来事を示していました。彼の目的地である夢の山岳の町は――私は次のように彼に示唆したのですが――，外側から，抑うつポジションの中で経験されたものとしての，そして内在化に利用可能なものとしての，乳房と乳首――ビオンの心／乳房――を象徴していました。明らかに，この己を知るという聖地に向けた巡礼の行進を始めるためには，努力と勇気が求められていました。

＊　＊　＊

内在化を通して大人の世界に同一化することは，神秘的な過程であり，それ

エピローグ——閉所嗜癖と「永遠の哲学」

についてほとんど分かっていません。この過程よりも，母親の能力への侵入やその横領は，時にはっきりとした過程のように見えます。その一方で，エディプス的不確実さや審美的葛藤によって，母親の守護者としての父親という観念は見えにくくなります。

　ここには，私が思うに，安心は，精神の豊かさからくるのか，それともこの世でお金持ちになることからなのか，という未解決な議論に似たものがあります。魂が，ある神聖な精霊との同一化を頼りにするということには，取り入れ同一化との詩的共鳴がありますし，物質的な豊かさは，母親のエディプス的横領や侵入同一化を伴っているようにみえます。*

　有史以前の洞窟の壁画，西洋と東洋の無数の言語で書かれた聖典や神秘主義の教典の象形文字は，人類の混乱した神／自我理想追求エネルギーの証左として，幾世期もの年月を超えてささやいてくるのです。それは自動制御で有熱体を追跡するミサイルのようです。目標を自動追跡して破壊することができるのです。古代のさまざまな哲学や宗教の真実を比較照合し，調和させる試みがルネッサンスにおいて企てられ，それに対して「永遠の哲学(6)」という名が与えられました。プラトンの「形相」とキリスト教との間の連続性への関心は，プラトンはモーセ五書に影響を受けたのかもしれないという思弁を勇気づけるものでした。

　　そこには語句の厳密な意味での一致はないものの，それは通常，ある種の連続したテーマが，哲学の歴史に一貫して流れているし，一定の不朽で永続性のある真実が，あらゆる歴史的時代の哲学書の中に認識可能であることを表して

---

* キルケゴールは，1852年の日記において，精神分析実践と無関係ではない問題を記載している。〈福音の伝道（Preaching the Gospel）〉(5)
聖職者：汝は死してあの世に行くであろう。料金は1ギニー。
新改宗者：でも，私が死んであの世に行かねばならぬなら，私が1ギニーよりも多く払わねばならぬことは，重々承知です。しかし質問が一つあります，一体だれがその金を懐にするのですか。
聖職者：もちろん私です，それは私の生活の糧です，というのは，人は死んであの世に行かねばならぬと説いて回ることで，私と私の家族とは，生活の糧を得なければならないからです。それでは実に安過ぎる，そのうちに私たちは，もっと請求しなければならなくなることでしょう。道理を弁えているならば，あなたには，人は死んであの世に行かねばならないと説教することが，真剣にそして熱意を込めておこなわれるならば，どんなに骨の折れることか，容易に理解がいくことでしょう。だから私は実際に，ちょっとした気晴らしに，私の家族とともに田舎でこの夏を過ごさなければならないのです。

第 10 章

いるとみなされる。　　　　　　　　　　　　　　　［Schmitt, 1966, p. 505］

「不朽で永続性のある真実」は，西洋のみならず東洋の思弁をも含めるまでその範囲を拡張せねばならないまったく同一の未解決の議論と，多くの面で，関わり合いがあります。オルダス・ハクスリーは，二つの現実〔内的現実と外的現実〕という問題に関して，散文と詩から成る「知恵の文学」としての詞華集を編んでいます——

　永遠の哲学は，世界のすべての地域における原始の人々の伝承的知識の中に見出されるのかもしれない。そしてその十分に発展した形においては，より高度な宗教のあらゆるものの中に，その場を有している。　　［Huxley, 1945, p.vii］

その同じ詞華集の中には，17世紀の詩人で聖職者である，トマス・トラハーンからの以下のもののような，惑星についてと私たちの心についての間違った好奇心へ向けられた痛烈な批判も含まれています。

　豚はドングリを食べるが，生命を与えてくれる太陽のことも，養ってくれる諸天界の影響についても，ドングリの元なる木のまさに根っこについても，考えないものである。　　　　　　　　　　　　　　　　　［Huxley, 1945, p. 66］

唯我論的侵入を免れた，言葉で表現できないものを概念化する試みが，ビオンによってK（知識欲）と−K（全知と独りよがり）との葛藤として示された認識論の一側面の核心をなすものです。ビオンは，「心理学的擾乱」を喚起するために，16世紀の神秘主義的で禁欲主義的な十字架の聖ヨハネの散文‐詩を引用しました。

　（魂の夜の）最初のものは，魂が，そこから出立していく地点と関わっている。というのは，魂は，それが所有しているあらゆる俗世間的なものへの欲望を，それ自身に対して否定することによって，それ自身から徐々に奪っていくのであるが，そうした否定や剥奪は，いわば，人のあらゆる感覚にとっての夜であ

るからである。　　　　　　　　　　　　　　　［Bion, 1965, p. 158］

　これは，その散文の美しさや音楽が偉大な大聖堂や大聖堂が培った文化に対する責務を果たし得た，そうした古の創造的なエネルギーにもとづく文学的な表現です。反対に内的現実と外的現実の混同は，禁欲や「うぬぼれのかがり火（bonfire of the vanities）」の興奮へと導くかもしれません。「永遠の哲学」と親和性を持った象徴的思考によってもたらされる不安に関する精神分析的見解は，はじめは，被分析者にとってあまりに理論的であるとして，困惑したり，反対したりしながら聞かれているのかもしれません。うまくいけば，それは「審美的葛藤」へのある程度の詩的洞察や自我理想の寛大さを備えるものとしても聞こえるかもしれません。

＊　＊　＊

　学業に問題を抱えた子どもたちの援助を人生の仕事としていた，ある思慮深い女性は，彼女の両親が臨終の床にあった時に，家族や友人たちに対して今までになく怒りっぽくなったことに悩み，分析を求めてきました。その後，彼女が信仰を失くしたことで困難に陥っていることが明らかになりました。それは両親の世界観において，幾年もの間中心をなしていたものでした。
　彼女の夢についての私たちの作業への関心が育ち，そしてそれに伴って彼女は，その作業過程の中に深く関与するようになりました。さらに彼女は転移の中で彼女の子ども-自己の依存的性質とそれに対する反抗を再体験した時，陽性感情であれ，陰性感情であれ，私に出し惜しみすることはありませんでした。友好的な関係が親戚や友人たちとの間で息を吹き返し，私たちの会話の中で，彼女は，彼女自身が障害のある子どもと話すための有用なモデルを見つけました。宗教に対する幻滅にはいまだ触れられていませんでしたが，教会の合唱音楽への参加は増えつつあり，そして彼女にとって特別に大きな喜びは，大聖堂の舞台で歌うという特権でした。
　ある日，彼女はアマチュア歌手として，形而上学派の詩人ジョージ・ハーバート(9)の詩を舞台で歌ったことがあるのを想起しました。その時そこで，彼女は

第10章

今でもその詩の全行を空で覚えているのですが,彼が書いた愛に関する第三の詩を詠唱しました。その詩の最初の2つの詩節は以下のものです——

> 「愛」は私にお入りなさいと命じられました,しかし私の魂はしりぞきました
> この塵と罪とでできた私がですって。
> しかし目敏き愛は,私がひるむのをずっと見ておられました
> 私がうちに入ったはじめから,
> 私のそばに近寄り,やさしく尋ねられました,
> 私になにが欠けているというのかい。
> 賓客,私は答えました,ここにふさわしいもの——
> 愛は言われました,あなたこそかれです。
> 私,この情け知らず,恩知らずの? 私の愛しいお方よ
> 私にはあなたを見ることができません。
> 愛は私の手をとり,そして微笑みながらまさにこうお答えになりました
> 私以外の誰がいったいその目を創れるというのだい?

彼女は,美しくかつ感動的な詩だと思うが,それが何を意味しているのかが分からないと言いました。「それは形而上学的です」。

私は,なぜ,それがメラニー・クラインの名づけた「抑うつポジション」と関係していると私が考えるのかを,説明し始めました。しかし彼女が「分かりませんでした!」と私に断言し続けたので,私は,自分が必死になって「わかりますよね(you see)」という合いの手を入れていることを自覚し始めました。メタ自然学である形而上学とメタ心理学との間の和解を見出せるという希望をずっと抱きながら,私たちは,精神分析的-哲学的-神学的旅を続けました。そしてついにある日,彼女は,ある混乱した10代の女の子との,仕事上の問題について語りました。その少女の繰り返し見ていた悪夢は,〈赤い髪の男によってしつこくつけまわされ,トイレの内部に入って鍵をかけて逃れたが,彼が窓から彼女を見ていた〉,というものでした。この悪夢は,被分析者自身の閉所恐怖症的夢のいくつかと,ある一定の類似性を持っていましたが,彼女の

エピローグ――閉所嗜癖と「永遠の哲学」

そうした夢では「内部にいること」が彼女の抑制された性欲と関連していることを（私によって）見られてしまう可能性があるものでした。
　私はたまたまその日，ジョージ・バーナード・ショーの「神を探している黒人の少女」という物語――その中の聖書へのコメントがすでに私に，私の患者と彼女の聖歌合唱への愛情とを思い出させていましたから――の影響下にありました。その彼の聖書へのコメントとは，以下のものでした――

　　その魅力，その救済の約束，その憐れみ，そしてその尊さは，ヘンデルによって，神の超越性にまで高められた。ヘンデルは，彼の『メサイア』〔救済主への合唱頌歌〕で，いま以って，無神論者に感涙の涙を流させ，物質主義者に至高者への心の戦(おのの)きを与えることが可能である。

　彼の物語の中で，その小さな黒人の少女は，さまざまな宗派の主唱者たちと出会いますが，その誰もが彼女の心に訴えてきません。最後に彼女は，ある賢い老人に偶然出会います。彼は庭仕事を勧めます。「あなたは神のためにそこを耕しなさい」と。けれども彼は彼女に警告します。「神を見出した多くの人々は，彼を好きにならなかったし，その後の人生を彼から逃れて過ごすことになりました」。

　私は，患者に，その10代の女の子の事例では，逃れることが，神学的追求を逆転させ性愛化への方向へと導き，そのために，彼女の心の中で神は，心の中にセックスのことを抱きながら，彼女を探し求め，そして彼女の避難所，母親の膣－と－混同された－直腸の内部に，彼女を見つけ出すことになるのです，と伝えました。
　「探求」の方向の逆転が意図の変化と結びつくことは，投影同一化の侵入的な側面がもたらす世界観と同一性混乱において，特徴的なことです。
　私には，「わかりますよね（you see）」を私が実際に付け加えたかどうか分かりませんが――そうではなかったことを望みますが――，被分析者は確かに，彼女の「小さな－少女」の知識の探求が，愛情にしり込みする原因となっていた「塵と罪」の持つ意味の方へとまた彼女を導いていたことを理解し，「貶め

第10章

られている」（母親の直腸 – 迫害不安の中で）という感情と，「そこにいるのにふさわしくない賓客」（心／乳房 – 抑うつポジションの元で）という感情との間の違いを考え始めたのでした。

＊　＊　＊

　ビオンの仕事が関わるのは，最も単純なものから最も複雑なものに至るまでの象徴的思考の成長であり，パーソナリティの負の部分である世俗性からの脅威に絶えず晒されている過程です。メルツァーの仕事は，対象の内部の領域という，まだ地図には載っていない未知の領海に分け入り，発見していく航海なのです。そこは，同一性の混乱が世界の美しさに目を見張る体験を妨げる場所であり，発狂の脅威が不気味に迫る場所です。フロイトの無意識的乳幼児性欲と転移，クラインの内的世界，ビオンの認識論，そしてメルツァーの心の地理と「審美的葛藤」といった概念を生んだメタ心理学の探究の拡張は，さらなる発展のためのひとつの明確な方向性を指し示しているのです。

訳注
（1）Gerard Manley Hopkins（1844-1889）の詩の引用。ジェラード・マンリ・ホプキンズは，イギリスの詩人で，ヴィクトリア朝を背景に詩を書いた。オックスフォード大学に学び，卒業後ほどなくイギリス国教からカトリックに改宗し，24歳の時にカトリックの由緒ある修道会のひとつであるイエズス会に入会し，司祭となった。
（2）John Milton（1608-1674）の詩"Lycidas"からの引用。ジョン・ミルトンは，イギリスの詩人であり，この詩は，ケンブリッジ大学の学友エドワード・キングの追悼として書かれたものである。
　　「餓えた羊たちは天を仰ぐ，餌は与えられない，（しかし腸内ガスで腹膨れ，そしてきな臭い靄った空気を彼らは吸う），内部は腐敗し，そしてむかつくような汚染が広がる」と前後にある。
　　また，この詩の一節については，詳細な解説がラスキンの『ごまとゆり』（「世界の名著52」中央公論社）にあり，ビオンはその解説に影響を受けた。
（3）シェイクスピアからの慣用表現であるが，文字通りの意味は，「自分が仕掛けた爆砕火具に自分自身が吊るされてしまった」。
（4）Emanuel Swedenborg（1688-1772）は，スウェーデンの科学者，神学者であり，神秘主義的な多数の著作を残している。日本では，仏教学者の鈴木大拙が翻訳し，紹介している。
（5）Søren Aabye Kierkegaard（1813-1855）は，デンマークの哲学者。*The Preaching the Gospel*（原著では，Preaching of the Gospel となっている）は，The Journals of Søren Kierkegaard の一部であり，Alexander Dru の翻訳で1938年に Oxford University Press から出版された。
（6）ライプニッツの言葉であるが，カッシーラーは『認識問題』において，外面的な生の形式が歴史

的にいかに変遷しようと，人間の情念や情熱の原因と表現は不動であるとして，ルネッサンスがはじめて普遍的な哲学の歴史――「永遠の哲学」――という課題を把握した，と解説している。
（7）Aldous Leonard Huxley（1894-1963）はイギリスの作家。小説やエッセイ，詩など数多くの著作があるが，文中の引用は *The Perennial Philosophy*（1945）からのものである。
（8）St. John of the Cross（1542-1591）は，スペインのカトリック司祭。カトリックの修道会であるカルメル会の立て直しに尽力し，キリスト教神秘主義に関する著作を残している。
（9）George Herbert（1593-1633）はイギリスの詩人。文中の詩は，「愛」と題された詩の一部。

[参考文献]
オルダス・ハクスリー『永遠の哲学』中村保男訳，平河出版社

解説

中川慎一郎

1 メルツァーの『精神分析過程』(1967)における美の変遷

　このケネス・サンダース氏の著作を繰り返し読む体験から，私にとって難解なメルツァーの考えの要所や『精神分析過程』の勘所が，おぼろげながら見えてくる思いがした。サンダース氏の肩の上に乗って，メルツァーの原点——『精神分析過程』という早期の傑作——を再見してみると，そこにはすでに「精神分析的手法や過程を美と見る」，「抑うつポジションの達成を母親の美の回復と見る」等の，私が彼の後期の考えとばかり思っていたものを発見して，驚嘆させられた。そこで彼の唱える精神分析過程の時期に沿って，美の変遷を追ってみよう。

　Ⅰ期——［転移の集約と転移の深まり］
　「心の構造に基づく転移の自然史」を発動させて育成していくために，分析家が患者の不安を調整しながら精神分析のセッティングを創造し，患者のアクティング・アウトおよびインに沿って精神分析の原則を浮き彫りにする解釈をしていくと，患者の転移が分析の場に集約されていく。そうした中から，患者に，分離・個体化を迫る各種の休み〔インターバル〕を契機として，「外的対象や内的対象の身体内部への過剰投影同一化（侵入同一化）」が，乳幼児的無力さに伴うあらゆる形の心的苦痛を否認するために，おのずと発動し，転移の自然史が発芽してくる。この転移の芽が，週末休みや長期休みのリズムに合わせて膨らみ，深まっていくと，「地理学的混乱」——「過剰投影同一化による対象の身体と自己の身体の混同」——が，転移の中に見分けられるようになる。このⅠ期に関しては，美への言及はない。

　Ⅱ期——［地理学的混乱の仕分け］
　患者が，外的対象としての分析家を，「便器・乳房」——患者の乳幼児的無

解説

力さに伴うあらゆる形の心的苦痛を引き受け，それを緩和・変容した形で患者に戻すコンテイナー──として繰り返し体験すると，便器・乳房が患者の内的対象として定着してきて，過剰投影同一化による対象の身体と自己の身体の混同が仕分けられていく。この仕分けが達成されることが，患者が精神病状態から脱するための里程標となる。このⅡ期に関しても，美への言及はない。

　Ⅲ期──［全身の性感帯化による官能的興奮や性感帯の対象との多形的結合による混乱の仕分け］

　「内的対象への便器・乳房的依存」が定着してきて，分離不安や過剰投影同一化による対象の身体と自己の身体の混同から守られた時間が患者に訪れると，「患者の身体の──皮膚を含めた──全身の性感帯化による官能的興奮や性感帯領域がその部分対象と変幻自在な多形的な様式で結び付くことによる混乱」が生じてくる。この官能的興奮は「対象の身体と自己の身体とが独占的に触れ合った永遠の至福の歓び」の希求である。その本質は身体のあらゆる性感帯のインポテンツな性器化であるのだが，患者は「乳幼児的な官能的歓びは大人の性器的な歓びに勝る」と感じていて，自らの欲望とその興奮に満ち足りている。

　分析によってこうした官能的興奮および混乱へ戦いが挑まれ，性感帯領域や様式の仕分けによって秩序がもたらされてくると，これまで依存してきた便器・乳房とは異なった「授乳してくれる乳房」が出現してくる。しかし官能的に自己充足した患者の態度も自己愛的傲慢へと変化して，軽蔑が分析に向けられ，授乳してくれる乳房への依存は否認される。それと同時に，「乳房の持つ美」が，自己の身体の自己愛的な美化と相照し合う形で，際立ってくる。患者は乳房の美への所有欲を搔き立てられる。さらに乳房の美に嫉妬を抱くが，その嫉妬は他者へと投影されて，乳房の美の独占的な所有や──乳房の美と自己愛同一化した──自己の身体の美が誇示される。

　Ⅲ期で初めて美への言及が，「乳房の持つ美」という形でなされるが，それはネガティブな意味──乳房の持つ「授乳してくれる」という真の美質を否認し，患者の自己愛的な身体の美化を反照した意味──での乳房の持つ美である。

　分析によって患者の「乳幼児的官能の歓びは大人の性器的官能の歓びに勝る」という考えへの戦いが挑まれ，「エディプス・コンプレックスの前性器的形態と性器的形態との間の仕分け」がなされていくと，患者の自己愛は萎み，

そして満開となった授乳してくれる乳房への依存と残存する自己愛との間で取り引き，歩み寄りがなされ，「相互理想化」という閉鎖システムの維持のための秘密の結託が模索される。

　Ⅳ期——［抑うつポジションの達成への峠道］

　「便器・乳房」という原初的な防衛から，「水平分割」——トイレット機能を母親の臀部と関連する下半身に置く一方で，栄養補給してくれる機能を母親の上半身部分（乳房，眼，口，したがって母親の心）に確保した——への移行が成し遂げられていくと，従来の混乱状態やそれに伴う行動化は，パーソナリティの大人の部分から区別されて，分析や夢生活にうまくコンテインされるようになる。そして患者は生活上一定の安定を達成するが，同時に分析過程は潜伏期に入り，患者は分析の終結をじっと待つという分析的愚かさを見せ，心的現実が否認される。

　セッションにおいて，分析や夢生活にコンテインされた患者の破壊的な自己愛的乳幼児部分が，偽成熟の大人の格好を装って，特に休みといった分離の際に，良い乳房や真の大人の部分を代表する分析家に対して，不信——シニカルな当てこすり等——を向けてくる。そのため，分析家には，闘魂や忍耐といった強靭さと技法的な分析能力とで，分析過程を死守する責任感が求められる。

　患者の当てこすり的な攻撃と分析家のそれへの応戦とは，患者の中における「良い子の部分」と「悪い子の部分」との戦いとなる。そして良い乳房としての分析家への直接的な攻撃が仕掛けられるようになると，前性器的エディプス葛藤——乳房の良い質を護衛する「乳房の中のペニス」としての分析家との葛藤——が表面化してくる。患者は，サイクルをなした体験——己の破壊的な部分の攻撃に耐えつつ，修復と保護という機能を遂行する良い乳房への信頼→背信→背信に対する良い乳房からの許し——を繰り返す中で，乳房の良さや強さへの信頼を樹立して，分析に夢を持ってきたりするようになる。

　しかし前性器的エディプス葛藤や「睾丸を持ったペニス」（精液で母親を肥沃する生殖的な父親）との性器的エディプス葛藤の解決からは程遠い状態にある。毎日の分析体験において外的乳房の力が——自己の内的な状況を絶望から希望へと修復して——愛情を生み出してくれるものの，患者にはその乳房への愛情を守り通す強さまではない。

解説

　まさにここで「良い乳房の美」が中心となる。乳房が持つ良さゆえの美は承認されているものの，それへの自己のきょうだい部分のエディパルな嫉妬が，外界のきょうだいに投影され，患者は良い乳房の排他的な所有を，嫉妬深いきょうだいから注意深く隠そうとする。

　良い乳房を自己のきょうだい部分や外界のきょうだいと分かち合うことは，自己に向けられた関心が対象への気づかいに移行することであり，依存している良い乳房からの避けがたい離乳を迫るものである。それは，永遠に続くとみなされた終わりなき分析から，分析家の限りある人生に配慮することへの移行でもある。しかし同時に現状維持という行き詰まりの時期でもある。

　Ⅴ期──［離乳］

　垣間見えてきた終結の及ぼす，時期尚早な終結への恐怖が，患者の乳幼児的部分の問題──「母親の赤ん坊たち」への抑うつ的な気づかいや，一生の課題である自己の統合との格闘──と，大人の部分の問題──分析過程の真価を審美的かつ知的に認識すること──と，相互作用し合う。そしてこの大人の部分──「分析の自分の場所を他の者に譲る」「分析家の人生の貴重な時間を無駄にさせない」ことへと促す部分──が，終結を決断させる作業同盟の核となり，乳幼児部分の抱える問題の組織だった解決へと立ち向かわせる。

　患者は夢分析への情熱や，分析的手法や過程への確信や感謝を顕にし，分析家や分析の時間を節約するために自己分析へと促される。この自己分析──分析過程や真実の発見を目的とする分析的手法の美しさや良さへの，大人としての正しい認識に動機づけられたもの──は，分析家への羨望や競合を動因とする偽りの自己分析や，分析家という人物に執着した乳幼児的転移とは，異なるものである。そして分析過程の維持・管理といった，従来分析家が担ってきた責任を，患者自らが引き受け，週末休みに生じた問題を週明けの面接の初めの短時間で，自ら処理するようになる。

　以上のように規律立って現れる分析過程の美の起源を，メルツァーは重篤なスキゾイドである女の子の回復期のあるセッションで例証している。分析家がそのセッションの素材を過去の素材とつなげる長い解釈をしたところ，患者は沈思黙考したのち，珍しく情感を込めて，空が美しく鮮やかな青になったと（外が曇り空であるにもかかわらず），語った。そしてその青空の鮮明な美は，近

くて遠い対象の知覚に問題を抱えたその子にとって，母親の人間関係を見通す明晰な慧眼を象徴する，母親の青い眼に跡づけられたと。

メルツァーは離乳期の抑うつポジションの本質を「乳房の死」にあるとし，患者が分析家の心や体のコンディションに留意し，転移上の分析家を外的現実としての分析家から識別しようとするようになると記述している。

さらにメルツァーは，「分析作業」の章において，分析家の精神分析的実践──患者の抑うつポジションへの峠越えを後押しし，離乳にまつわる抑うつポジションの課題に解決をもたらし，分析の終結を患者に決断させることに導く──に伴う苦難を下支えするものとして，「分析家の分析過程への献身」を挙げているが，しかしそれは，「分析家の科学的好奇心」との結合による相乗効果によってだけ，実行力のあるものとしている。また「人間的活動としての精神分析」の章で，分析家の精神分析的実践を「芸の妙技」──芸術活動とアスリート活動の結合──であるとし，そのための分析家のコンディション作りを，日々のルーティン・ワークを己の能力の最大限に設定した，「張りつめた状況の中での鍛錬」として，分析家を「競走馬」に準えている。

ここにメルツァーが唱える抑うつポジションと美の関係が，「母親（分析家）の日々の育児への献身の持つ美への真の理解に基づいた母親（分析家）の心身の状態への患者の憂慮」へ収斂する形で，出尽くしている感がある。しかしメルツァーが後期に唱える，現前する母親の外面の美の直接的知覚による乳児への美的衝撃という考えはまだないように思える（メルツァーがここで挙げている母親の眼の美も，青空が外界の曇り空と違うように，現前する母親の眼の美の直接的知覚ではなく，あくまで洞察力をもつ母親の慧眼の象徴である）。そのため，「審美的葛藤」──現前する母親の外面の美と内面の不確かな慈愛との喰い違い──という考えも，抑うつポジションを妄想・分裂ポジションの前に置くという考えも，まだないようにみえる。

2 「早期幼年期における精神病疾患──『自閉症の探求』からの10年間」（1984）

こうした後期の考えにメルツァーが至ったのには，幾つかの契機があるよう

解説

に思われる。①対象の身体内部へ侵入して対象の身体と自己の身体を混同する精神病状態を引き起こす過剰投影同一化を「侵入同一化」と命名して，対象の内部の閉所に監禁される状態とみること　②誕生を子宮という閉所からの胎児の脱出とみること　③精神病に陥らない心の健康を，母親の身体の外部に身を置きながらの，母親の外面と内面との関係の維持とみること　④乳幼児観察や分析実践体験を通して得られた，育児（分析）へ献身する母親（分析家）の持つ美とその美の真価を認識して応答する乳幼児（患者）との間の相互啓発的な，審美的互恵関係の発見　⑤自閉症とは異なった早期幼年期における精神病疾患を出産・誕生直後の母子の審美的互恵関係の障害という観点から分類すること。

　こうした契機が後期の考えへと結晶化する媒体となったのが，ビオンの『未来の回想録』の第3巻，『忘却の夜明け』(1979)における――胎児が誕生以前に子宮内で精神的過程の根基となるものの始まり（the first proto-mental processes），アルファ機能を形成している――というビオンの考えであったように思われる。キャセッセの『メルツァー入門』によれば，メルツァーが，誕生直後の乳児に新しい外的世界や現前する母親の外面が及ぼす直接的な知覚刺激を「審美的刺激」として公に表明したのが，1984年の「早期幼年期における精神病疾患」である。その論文の中で，「物語」，「想像的推論」としながらも，以下のように記述されている。

　胎児の神経組織が，統合した状態で機能するに足るだけの解剖学的複雑さに達した時（胎生3カ月？　6カ月？）に，内的，外的刺激に対する行動面での反応が，興奮を耐えられる（快感的？）レベルに維持する目的を以って，ノン・レム睡眠と交代する形で，開始する。刺激と反応のパターンが増すにつれて，装置の興奮は，認知の新しい水準へと到る。この新しい水準の特色は，情緒の根基となるもの（proto-emotions）という質にある。この原初の情緒は，意識――心的質の知覚のための装置――すなわち注意によって観察される。こうした原初の情緒という質の観察が，精神的過程の根基となるものの始まり，つまりアルファ機能を作動させる。このアルファ機能が感覚器官の定型的形式（formal gestalten）と観察された情緒とを相関させることによって，観察された情緒の意味を表現する象徴的表象が形成される。

　しかし子宮という閉所のために，こうした精神的体験の根基となるもののす

べては,「(羊水のために)くぐもって」おり,曖昧なものなので,系統立てて一定の関係に整えることが困難である。したがって象徴となるものは,もっぱら音とリズムであり,身体のダンスという面である。引き続いて夢過程が生じて来るが,胎児を困窮させる出来事が起きない限りは,それは平和なものであり,アルファ機能が逆転することもない。そのため,胎児が,刺激の蓄積や「自我や超自我の痕跡を伴ったベータ要素群」という重荷を背負わされることもない。もしそうしたものが生じると,幻覚や心身症的障害として排泄される必要がある。というのも,そうしたものは,排泄されたものを受容してくれる対象がない限り,思考可能なものでもなければ,記憶として貯蔵しておけるものでもないからである。しかし臨月が近づき,子宮という閉所が狭まり始めると,胎児を困窮させる様々なタイプの出来事が起き始め,アルファ機能の逆転が,障害となる精神的産物を生み出し始める。その結果として幻覚や心身症的障害が起き,排泄のための受け皿となる対象が模索され始める。胎盤はこうした機能を果たせないが,しかし聴覚的印象は,こうした機能を果たしてくれるかもしれない,「子宮外対象」の存在を示唆している。そうした対象を見出したい願望によって胎児は,こうした狭苦しい閉所からの脱出口を発見する努力へと駆り立てられ,最後には閉所を破ることに成功する。

　しかし外の世界は大きな衝撃となってやってくる。強烈な刺激が,減弱された刺激に慣れきった感覚器官のすべてを,ひりひりと痛めつけてくる。刺激の強烈さのために苦痛なものもあれば,刺激の強度そのものが苦痛を引き起こすのではない刺激もある。後者は,色や音や味－匂いからなる「まったく新しい世界」の「審美的な刺激」と呼んでいいだろう。それらは,甘美で,魅惑的で,耽溺させるものであり,しかも情緒的には苦痛なものである。というのも,それらの意味が曖昧だからである。こうした耐えがたい刺激は,「自我と超自我の痕跡を伴ったベータ要素群」として,泣き叫ぶことで排泄されたり,おしっこやうんちとして排泄される。しかし受容的な対象が見出され,そしてそれが,「自我と超自我の痕跡を伴ったベータ要素群」を象徴的な(アルファ)形態へと回復させ,それを,乳児が面白い夢を見ることができるような形で,乳児に返してくれるようにみえる。

　しかしⅰ)そうした受容的な対象は,必要な時にいつも現前するとは限らな

い。ii）それはそうした機能を満足行くように果たすことができないときがある。iii）そうした対象の美は魅惑と苦悩が表裏一体となったものである。i）がビオンの，先験的な乳房への期待――カントの先験的な空の思考（empty thoughts）が，欲求不満――「無い乳房」あるいは乳児の内部にある「不在の乳房」――と番（つが）うことで現実化・実感化がなされて，乳房の概念，乳房という考えが生じ，乳児が欲求不満に耐えられるならば，乳房という考えを考えるための装置が発達するという考えに通じるものである。ii）がメルツァーの『自閉症の探求』（1975）での考え――遍在する母親の産褥期うつに直面して，高度の知性と強い情緒的な能力を持った乳児は，この強烈な抑うつ的痛みを防衛するために，注意（意識）を集中させる行為を放棄することで，感覚装置をその構成要素群にまで解体し，その結果として，向性（tropism）〔ビオンは人のパーソナリティには，殺人，寄生，創造へと向う三つの本能的向性があり，強烈な向性をコンテインしてくれる乳房が見い出されないと，パーソナリティは，現実感の喪失，アパシー，躁といった精神病状態に陥ると考えた〕という本能的特性だけの単一感覚的対象からなる一次元的世界へと退き，情緒的な反応性を失くし，対象への関心を失くす（関心とは情緒的な意味合いと結び合ったものだから）。しかしこれは十分に可逆的な過程であり，実際に乳児は，精神的痛みや葛藤を回避することによって，こうした状態がパーソナリティの障害になることを最小限に喰い止め，解体という防衛はおのずと，対象の強迫的で万能的な支配という防衛へと移行する――に通じるものである。

　iii）が1984年のこの論文で初めて公に表明されたメルツァーの審美的葛藤の考えである。乳児は，母親的対象の不在にではなく，その現前に影響を受ける。現前する母親的対象が生み出す苦痛は，それが乳児に対して情緒的に反応することや注意を向けることができないことからだけではなく，その美――それに対して乳児は豊かな反応性を示すものだが――からも派生してくる。なぜ現前する美しい対象（この段階では対象の心と体とは区別されていない）が快を圧倒する苦痛を引き起こすのか――という疑問から乳児は，そうした対象の内部へと心を奪われる。乳児が感覚を解体して逃れようとするのが，「対象の内部」という三次元的空間である。というのは，抑うつ状態の母親は投影同一化をまったく受け付けないようにみえるため，乳児には母親の外面の美と内面の

不確かな慈愛との喰い違いという問題を探求するすべがない。ある理論――想像力を駆使するしかないのだが――，母親はもうひとりの大切なこどもを孕んでいるので内部に押し入られたくないのだろうという理論，に基づいて，乳児は情緒的な生活を断念してその問題への関心を失くす。この結果としての，乳児のいかんともしがたい気持ちとは，「放り投げられた」という思いであり，乳児は「この放り投げる母親」と自己愛的に（付着的に）同一化する。

そして「自閉症と異なった早期幼児期の精神病疾患」が，出産・誕生直後の母子の審美的互恵関係の障害の違いから，a）「生誕後の不適応」，b）「精神発達の一次的障害」，c）「地理的混乱による精神病」の3タイプに分類される。a）乳児は誕生というセズーラ（中間休止）を，子宮という楽園，地上の楽園ではなく苦痛のない楽園からの追い立てと感じ，新たな外部世界の美に無感覚となり，外部世界の刺激を襲撃として体験する。そして外部世界の刺激を拒絶して，もう一度，子宮という楽園（重力から守られた自動力を要しない水生生活）を求め，自分の皮膚の内部にくるまったまま，弱々しい泣き声を漏らすだけとなる。そのため，母親にとっては，乳児の困窮に気がつくことも，乳児に情緒的な関心を示すこともむずかしい。b）母親は乳児への夢想や自発的な情緒的反応性を欠き，そのため乳児は自己の審美的感受性を悪い母親と同等視して排除し，象徴ではなくサインによる対象からの世話の引き出しという，内面的な相互交流を欠いた二次元的・平面的な適応を示す。c）母親は乳児への自発的な情緒的反応性を示して乳児の情緒的欲求を満足させるが，他の用事のためにすぐにそれを引き上げてしまうために，乳児は母親の内面へと歓迎されるものの，その身体の内部に幽閉されたままにされてしまう。a）がもっぱら乳児側の障害であり，b），c）がもっぱら母親側の障害であることで，両者は対照的である。

3　ビオン，メルツァー，そしてサンダース

メルツァーは，ビオンの子宮内でのアルファ機能の形成という考えに基づき，生誕直後の乳児にも，新たな外部世界の審美的刺激や現前する母親の外面の美への感受性を想定した。そして「自閉症とは異なった早期幼児期の精神病」の

解説

一タイプ,「生誕後の不適応」をその裏面からの証明とした。かくして,抑うつポジションが妄想・分裂ポジションに先立つものであり,乳幼児が誕生時の抑うつポジションに耐えられないために,妄想・分裂ポジションに陥ることが結論づけられたように思える。

　そしてメルツァーは,審美的視点からビオンの考え,特にグリッドの垂直軸——ベータ要素がアルファ要素に先立ち,アルファ機能によってベータ要素からアルファ要素が産出される中で,前概念が無い(不在の)乳房,無い(不在の)物と番い,次々と概念が生み出され,またその概念が前概念となって無い物と番うことで新たな概念が産出され,その結果として,まとまりをなした概念が言語化されてコンセプトとして集約され,最終的に科学的演繹体系や代数的計算式となっていく——を,数学をモデルとしたものとして批判した。

　果たしてそうなのだろうか？　というのは,ビオンによる,母親の子宮内の胎児に関する創造的な推論の主眼点は,胎児が子宮内での困窮のために芽生えたばかりのアルファ機能を逆転させ,誕生前に思慮を欠いたマインドレス状態(精神病状態や心身症状態や基底想定グループ心性)をすでに形成しているが,誕生というセズーラでそれを忘却し,それに対して視床恐怖(脳の新皮質との神経シナプス接合を持たない自律神経系の擾乱)しか感じられず,それを意識化することも無意識化することもできない状態になることだったと思われるからである。

　そうした疑問を持ちながら,ビオンの「思索ノート(cogitations)」を再見すると,まず目に留まるのは,ビオンが仮説形成を,幼児が頭を床に叩きつけるような強烈な現実的な身体的情緒体験を持ち,そうした情緒体験が持つさまざまな感覚印象(O)の中から恒常的な要素(神の現前)が進展してくるのを観察・発見した結果として,そうした恒常的な要素の観念相当物を,真実と生命への関心に基づいた知的好奇心によって,定式化しようとする試みである,とした記載である。その観察・発見には情緒体験のさまざまな感覚印象を夢に見ることが必要であり,その視覚イメージ化された恒常的な観念的相当物は,言語化,コンセプト化されて,個人の夢物語や夢の社会的バージョンである神話や古今東西の知恵として蓄積される。その元となる情緒体験を代表するコンセプトは,未熟で合理性の乏しいものから,洗練された合理的なコンセプト(進

展して公認された科学的知識に至るもの）までの玉石混淆状態であり，またそれが代表する情緒体験があまりに特殊なものであるために，そのコンセプトに見合う現実化が未知のものであるかもしれない。しかしそうしたコンセプトはすべて，人類がその情緒体験の謎に迫ろうとするための道具形成であるとの見解を示している。

　さらに妄想・分裂ポジションと抑うつポジションは，「ポジション群」として一括され，光が量子かつ波であるように，ある一つの現実的な情緒体験に対して葛藤状態にある二つの見方として，対等視されている。

　そして1970年頃からノートには，「三次元的身体的アイデンティティと多次元的精神的アイデンティティとからなる多次元的パーソナリティ」という考えが出現し始め，多次元的精神的空間，壮大な心の宇宙論――「思考のないベータ宇宙」から「思考はあるが思考する人のない宇宙」を経て「思考する人を持つ思考のアルファ宇宙」――や，その心的宇宙が持つ自己の身体や他の身体との関係に関する思索が展開される。

　同時に，多次元的精神病パーソナリティ（通常の生物学的知覚で感知される正常域の次元には収まらないもの）を感知するための，つまり人間の眼の可視閾の光の波（10の－3乗から－5乗）の上（ultra-sensual）や下（infra-sensual）を感知するための受容体となる，最低限の直観的能力と直観的健全さを備えた精神的パーソナリティの，グリッドのC範疇を使った探求が始まる。そして記憶，欲望，理解――受容体となる精神的パーソナリティの直観能力や，心のベータ宇宙からアルファ宇宙への進展を妨げるもの――の排除が唱えられる。

　また破局的不安――心のベータ宇宙からアルファ宇宙への進展，自律神経の擾乱から恒常的な要素，思考，新しい考え（メシア的観念）への進展によって，すでに確立されたコンセプト（妄想・分裂ポジション的なものであれ，抑うつポジション的なものであれ）の転換を迫られることによる不安――への憎悪や恐怖，そしてそうした破局不安への憎悪や恐怖に基づく破壊的な関係を含めた，新しい考え（内容）とそれを思考する人（容器）との関係が思索される。

　かくして『未来の回想録』が書き始められる。『未来の回想録』には，ビオン自身や，ビオンによる創造上の人物たち――その中には私的なビオンを離脱してビオンの客観的な考えを代表する私自身（myself）や精神分析家（PA）も

解説

含まれる——や，シャーロック・ホームズといった他の作家たちによる創造上の人物たちや，古今東西の人類の知恵を代表する人物たちが登場する。第3巻では，胎生期のビオンから，さまざまな私的トラウマを抱えた年代のビオン，そして70代のビオンまでが，登場してくる。そしてさまざまな多次元的精神的パーソナリティによる壮大なグループセッションの物語が展開される。13巻を書き始めた1973年のノートには，「物語自体とは別の形式で，グリッドのある一面と別の一面との関係を再定式化するために，グリッド自体を使用しなければならなくなるだろう。たとえ，その定式化が必ずしも現実的には合理的ではないとしても」との記載がある。つまりビオンは，さまざまな多次元的精神的パーソナリティが展開するグループセッションの物語と同時進行的に，グリッドのC範疇を多次元的精神病パーソナリティをもカバーするために拡張しようと努めていたと考えられる。

　果たしてこうしたビオンの努力は，メルツァーのいう審美的葛藤やメルツァーによるビオンの考えの拡張と同じものなのだろうか。

　実際に，ビオンが『未来の回想録』の中で登場人物たちに語らせていることをみてみよう。とりわけ興味深いことは，心的質の知覚のための装置としての意識，つまり注意の元で，バラバラでまとまりのない妄想・分裂ポジション状態にある要素群から，あるパターンが進展してくるのを待つことによって，意識と無意識とを相関させるやり方は，巨視的な（macroscopic）目の粗い見方に基づくものであるとして，微視的な（microscopic）見方——一つの感覚の強度，量を，＋，－両方向に累乗化することで，量的変化が質的変化へと転じる——に立った試みがなされることである。それは，視床恐怖を惹起する強烈な情緒的な痛みを伴う体験——たとえば，頬の紅潮を伴わない赤面（invisible blushing）——は，患者にとって意識化することも無意識化することもできないものとして，幽霊のようにリンボを彷徨い，患者によって神やサタンとして崇められたり，患者を自殺に追い込んだりする，という考えに基づいてのことのようである。そして，この『未来の回想録』——フィクション上の人物が多数登場してくる小説——が書かれたのも，そうした強烈な情緒的な痛みに対してパーソナリティが示す，精神病的反応を含めた多次元的な反応について，精神分析的に語ることが目的のようである。

解説

　では，ビオンが，胎生期，誕生，そして生誕後のパーソナリティ形成について，どんな創造的な推論を巡らしたかをみてみよう。

　胎児は，生得的な特性を持っており，……その結果として知性的な人物，知恵者，天才になるのならば，臨月を迎える頃に，子どもや大人が取る行動の原型（prototype）を示さないわけがない。胎児は羊水中の水生生活において，音を聞いたり，物を見たり，匂いを嗅いだりしているにちがいない。……過去の精神分析実践において曖昧なものと感じられた患者の示す感情が，誕生前のものであるとするならば，より明瞭になる。それはしばしば，普通の表現様式とは異なったやり方で表現される。……生得的に才能に恵まれた胎児は，誕生前であっても，早熟に，精神分析が子どもや大人において馴染みの機制を使って，羊水圧の変化や視床下部的な強烈な感情──より高次の中枢による修正を施されていないために胎児が犠牲となる恐れのある感情──の感覚を除去できる。かくして「出産時外傷」の到来となる。

　……「未熟（EM-MATURE）」──いったいいつ羊水圧が私の乳頭小窩（optic pits）を傷つけたのだろう？　星〔乳頭小窩はあらゆる刺激に対して非特異的に星を生じさせる〕のなんと鮮やかなことか！　私は蹴り出す（kick out）〔kick out には，'足を蹴り出す'から，'物や考えを蹴り出す'や'くたばってしまえ'までの意味がある〕。「臨月（TERM）」──おまえには足はないから，おまえが己を超え出るには，おまえの卵膜（fetal membranes）に頼らなければならない。「未熟」──おまえが'おまえの卵膜'と言ったものは，突破できないものなので，厄介だ，一体おまえは誰，何なのだ？　「臨月」──私は精神（mind），私の精神的な膜は，私の足の及ばない遠くまで，私を連れて行ってくれる。「未熟」──私を身体（body），ソウマ（soma）と呼んでくれ。「精神」──私をプシュケ（Psyche），精神‒身体（Psyche-Soma）と呼んでくれ。「身体」──だったら俺は，身体‒精神（Soma-Psyche）だ，……おまえはわたしたちをこの空気の中に入れたが，幸いにも私は幾らかの液体を身に携えてきた，おまえは何をしている？　「精神」──無〔なにも〕（nothing），それは私の気息（phrenes），横隔膜が上下している。「身体」──おまえは匂いについては何も知らない，おまえはことば，中身のないことばだけ，どこでことばをみつけた？　「精神」──未来から借りた，おまえはことばを横隔膜を通して手に入れられるか？　「身体」──ことばは

151

解説

横隔膜を通り抜けるが,意味は通り抜けられない,おまえはおまえの痛みをどこで得た？ 「精神」――過去から借りた,しかし意味はバリアを通り抜けられない,なんとおかしなことか,意味が,おまえから私へも,私からおまえへも,通じないなんて！

……生まれつき才能に恵まれた子どもは,胎児の時でさえも,感情や感覚なしであろうとするが,「現象」とみなしえる二次的獲得物は除去できても,生得的な遺伝子特性（genotypes）は除去できない。だから子どもは,両親が子どもに望むものを学習できる。しかしそうしたものは,真の自己からスプリット・オフされたものである。かくして,文明化された,社会適応の良い道徳的な人物ができあがる。強烈だが貧血状態の感情が,誕生というセズーラを突破しないかぎり,そうした知性の鎧は,日増しにその厚みを増していく。彼の知性は,トラウマを被ったり,洗脳されたりしたパーソナリティを修復するという困難な作業に当たってさえも,さざ波ひとつ,彼のパーソナリティの深部に引き起こす必要を感じない。

……彼の未熟なパーソナリティは,同じ身体的ソウマの中の,成熟後パーソナリティの身近で,居心地の悪い生活を送っている。時に,精神-身体病的（psycho-somatic）パートナーが,魂（soul）を持っていることを示威したり,身体-精神病的（soma-psychotic）パートナーが,身体的で精神病的な才能のあることを承認させようとしてくるかもしれない。……またソウマとプシュケとは敵同士として,同じ身体を共有せずに,二人精神病（folie-à-deux）を形成するかもしれない。……出産前（pre-natal）↔出産後（post-natal）の関係において,人が彼の身体が考えていることを認知したり,彼の身体が彼の精神が考えていることを認知して苦しむならば,知性と知恵とが不純に混じり合う。……ペア同士の顔の充血は,胎児の子宮壁との触れ合いに遡り,胎児は,母親の頬の紅潮に呼応する子宮壁の充血を通じて,両親の愛情関係の影響を被る。

そして,美について,心の闇の美――視床恐怖を惹起する強烈な情緒体験から来る亡霊の,神やサタンとしての神格化,美化に対して,ビオンは,'いかに夏空の魅力的な青さの向こうに極寒の暗黒があろうとも,現実の夏空の青さの魅力が減じることはない','いかに心の闇が理解を絶するものだとしても,虫歯の痛みほどにも苛まないし,治療に伴う痛みを怖れてまだ歯医者に行って

解説

いないからと言って，神やサタンに身の毛がよだつことなどない'と語り，精神病的なものを含めた多次元的なパーソナリティたちが，精神病的な異次元のものをも察知できる感受性を鍛え上げながら実施する，グループ・セッション，心の中の内的な集団討論に，現実的かつ楽観的な希望を託している。

　サンダースは，この著書を，精神分析が歴史的アプローチと肝胆相照らす仲であることから説き起こし，エピローグをライプニッツの「永遠の哲学」で締め括っている。ベラヴァルは，『ライプニッツのデカルト批判』の「革命と伝統」の章において，デカルトがすべてを疑い，自分が思惟する明証性による真理のみに基づいて学問の体系を構築し，それ以外のものについては「神のみぞ知る」を決め込んだのとは対照的に，ライプニッツは，自分が思惟したものだけではなく，「思惟されたもの」をも尊重したと記している。つまり，ライプニッツは，人類の歴史——思惟されてきたもの——を疑わしいものから，蓋然的なもの，そして確実なものの玉石混淆としながらも，そこには神を反映した宇宙に関する人類の知恵が収蔵されていると考えたと。そして1714年8月26日のレモン宛の手紙を引用している。「真理というものは人が思っているよりもずっと広がっています。ただ，それが粉飾されていたり，覆い隠されていたりする場合が非常に多く，さらに弱まっていたり，ばらばらになっていたり，それを傷つけて役に立たなくしてしまう付加物によって損なわれていたりもするものです。先達たちの中に，そうした真理の痕跡を認めるならば，泥の中から黄金を，原石の中からダイヤモンドを，暗闇の中から光を取り出すことになるでしょう。これこそまさに，「永遠の哲学」ではないでしょうか」。

　サンダースは明らかにメルツァー信奉者である。しかしそれは彼の一面に過ぎず，彼は人間の中に，「磨けば永遠の美の輝きを放つかもしれない原石」，「潜在能力」を探し求めているように感じられる。メルツァー亡き後，彼がどんな進展を遂げるか，目の離せない精神分析家であり，作家である。

監訳者あとがき

　このケネス・サンダースの著作『ポスト・クライン派の精神分析』の翻訳企画は，2010年4月に発足した〈賀来精神分析セミナー〉の主催者である賀来博光先生の「ポスト・クライン派，特にドナルド・メルツァーの考えを普く世に広めたい」という熱意に端を発するものである。この強い熱意に動かされて，セミナー参加者の有志が結集し，序文，第1・8章を賀来博光，第2章を坂下優二，第3・6章を工藤晋平，第4章を渡邊真理子，第5・9章を南里幸一郎，第7・10章を西見奈子の各氏が，分担翻訳を行なった。そして私が全体に目を通して文体の統一を図ったが，うまく行かず，分担翻訳者のひとりである西見奈子先生に助力を仰ぎ，全体の翻訳を完了した。しかしそれでも，ケネス・サンダース氏にじかに接したことのない私には，サンダース氏の肉声を伝えられているのだろうかとの不安が残った。

　賀来先生よりこの監訳の仕事を与えられた際に，平井正三先生がケネス・サンダース氏の教育分析を受けておられることを知らされた。私はこの本の監訳者は平井先生を措いて他にないと感じたが，そう私が感じた理由ゆえに，平井先生はこの監訳を引き受けられない，とのことであった。そこで，平井先生にはこの訳本のために何か一文を寄せていただくことをお願いした。

　全体の翻訳が一応終了した時点で，お願いついでに平井先生に訳全体に目を通してもらえないかと厚かましい依頼をしたところ，短期間のうちに，朱筆を入れて下さった。修正箇所は多数あったが，the threshold of the depressive position に「抑うつポジションの峠」という訳を当てられたのはその一例である。メルツァー自身が『精神分析過程』の中で，この抑うつポジションが達成されるかどうかのかかった時期を，患者自身が長距離ランナーや登山者が難所越えをする刻苦の時期として夢に見ると描写しており，まさに適訳と感じられた。

監訳者あとがき

 しかし私には，平井先生にたんに訳の手直しだけではなく，ケネス・サンダースの精神を，その平井先生の血肉化したものを通して，この訳本の中に籠めていただいた思いがし，ここにこの訳本を安心して世に送り出せる。

 最後になりましたが，審美的範疇ゆえに彼を敬遠してきた私にドナルド・メルツァーの考えと格闘する機会を与えて下さった賀来博光先生，この本の実質的な共同監訳者である西先生，平井先生，そして翻訳自体に対しても貴重な助言を頂戴したこの本の編集者であるみすず書房の小川純子さんに，深く感謝いたします。

2012年秋，美しく紅葉が色づき始めた頃に

中川慎一郎

参考文献

Abraham, K. (1924). A short study of the development of the libido, viewed in the light of mental disorders. In: *Selected Papers* (pp. 418-501). London: Hogarth, 1954. [Reprinted London: Karnac Books, 1977.] 〔下坂幸三訳「心的障害の精神分析に基づくリビドー発達史試論」,『アーブラハム論文集』岩崎学術出版社, 1993〕

Bick, E. (1964). Notes on infant observation in psycho-analytic training. International Journal of Psycho-Analysis, 45: 558. Also in: *Collected Papers of Martha Harris and Esther Bick* (pp. 240-256). Strath Tay, Perthshire: Clunie Press, 1987.

Bick, E. (1968). The experience of the skin in early object relations. *International Journal of Psycho-Analysis*, 49: 484. Also in: *Collected Papers of Martha Harris and Esther Bick* (pp. 114-118). Strath Tay, Perthshire: Clunie Press, 1987.〔古賀靖彦訳「早期対象関係における皮膚の体験」,『メラニー・クライントゥディ』岩崎学術出版社, 1993〕

Bion, W. R. (1961). *Experiences in Groups*. London: Tavistock.〔池田数好訳『集団精神療法の基礎』岩崎学術出版社, 1973〕

Bion, W. R. (1962). *Learning from Experience*, London: Heinemann.〔福本修訳「経験から学ぶこと」,『精神分析の方法 I』法政大学出版局, 1999〕

Bion, W. R. (1963). Elements of Psycho-Analysis. London: Heinemann.〔福本修訳「精神分析の要素」,『精神分析の方法 I』法政大学出版局, 1999〕

Bion, W. R. (1965). *Transformations*. London: Heinemann.〔福本修訳「変形」,『精神分析の方法 II』法政大学出版局, 2002〕

Bion, W. R. (1970). *Attention and Interpretation*. London: Tavistock.〔平井正三訳「注意と解釈」,『精神分析の方法 I』法政大学出版局, 1999〕

Bion, W. R. (1975-81). *A Memoir of the Future* (3 vols. + Key). Reprinted as single volume: London: Karnac Books, 1990.

Bion, W. R. (1977). *The Grid and Caesura*. Rio de Janeiro: Imago. [Revised edition, *Two Papers: The Grid and Caesura*. London: Karnac Books, 1989.]

Bion, W. R. (1980). *A Key to A Memoir of the Future*. Strath Tay, Perth-shire: Clunie Press. Reprinted as single volume: *A Memoir of the Future*. London: Karnac Books, 1990.

Freud, S. (1895d) with J. Breuer. *Studies on Hysteria. S. E. 2.*〔「ヒステリー研究」〕

Freud, S. (1900). *The Interpretation of Dreams. S. E. 4.*〔「夢判断」〕

Freud, S (1905d). Three essays on the theory of sexuality. *S. E. 7.*〔「性欲論三篇」〕

Freud, S. (1905e [1901]). Fragment of an analysis of a case of hysteria. *S. E. 7.*〔「ある

参考文献

ヒステリー患者の分析の断片」〕
Freud, S. (1911b). Formulations on the two principles of mental functioning. *S. E. 12*. 〔「精神現象の二原則に関する定式」〕
Freud, S. (1911c [1910]). Psycho-analytic notes on an autobiographical account of a case of paranoia. *S. E. 12*. 〔「自伝的に記述されたパラノイアの一症例に関する精神分析的考察」〕
Freud, S. (1912e). Recommendations to physicians practicing psychoanalysis. *S. E. 12*. 〔「分析医に対する分析治療上の注意」〕
Freud, S. (1917c). On transformations of instinct as exemplified in anal erotism. *S. E 17*. 〔「欲動転換、とくに肛門愛の欲動転換について」〕
Freud, S. (1917e [1915]). *Mourning and Melancholia. S. E. 14*. 〔「悲哀とメランコリー」〕
Freud, S. (1918b [1914]). From the history of an infantile neurosis. *S. E. 17*. 〔「ある幼児期神経症の病歴より」〕
Freud, S. (1919e). A child is being beaten. *S. E. 17*. 〔「子どもが叩かれる」〕
Freud, S. (1921c). *Group Psychology and the Analysis of the Ego. S. E. 18*. 〔「集団心理学と自我の分析」〕
Freud, S. (1923b). *The Ego and the Id. S. E. 19*. 〔「自我とエス」〕
Freud, S. (1925d [1924]). *An Autobiographical Study. S. E. 20*. 〔「自己を語る」〕
Freud, S. (1926d [1925]). *Inhibitions, Symptoms and Anxiety. S. E. 20*. 〔「制止、症状、不安」〕
Freud, S. (1927c). *The Future of an Illusion. S. E. 21*. 〔「幻想の未来」〕
Freud, S. (1931b). Female sexuality. *S. E. 21*. 〔「女性の性愛について」〕
Freud, S. (1950 [1892-1899]). Extracts from the Fliess Papers. *S. E. 1*.
Freud, S. (1950 [1895]). Project for a scientific psychology. *S. E. 1*. 〔「科学的心理学草稿」〕
Huxley, A. (1945). *The Perennial Philosophy*. New York: Harper and Row. 〔中村保男訳『永遠の哲学——究極のリアリティ』平河出版社、1988〕
Klein, M. (1929). Infantile anxiety situations reflected in a work of art and in the creative impulse. In: *The Writings of Melanie Klein, Vol. 1* (pp. 210-218). London: Hogarth. [Reprinted London: Karnac Books, 1975.] 〔坂口信貴訳「芸術作品および創造的衝動に表われた幼児期不安状況」、『メラニー・クライン著作集 1』誠信書房、1983〕
Klein, M. (1932). *The Writings of Melanie Klein. Vol. 2: The Psycho Analysis of Children*. London: Hogarth. [Reprinted London: Karnac Books, 1975.] 〔『メラニー・クライン著作集 2』誠信書房、1997〕
Klein, M. (1946). Notes on some schizoid mechanisms. In: *The Writings of Melanie Klein, Vol. 3*. London: Hogarth Press. [Reprinted London: Karnac Books, 1975.] 〔狩野力八郎・渡辺明子・相田信男訳「分裂的機制についての覚書」、『メラニー・クライン著作集 4』誠信書房、1985〕

参考文献

Klein, M. (1952). On observing the behaviour of young infants. In: *The Writings of Melanie Klein, Vol. 3*. London: Hogarth. [Reprinted London: Karnac Books, 1975.]〔小此木啓吾訳「乳幼児の行動観察について」,『メラニー・クライン著作集4』誠信書房, 1985〕

Klein, M. (1961). Narrative of a child analysis. In: *The Writings of Melanie Klein, Vol. 4*. London: Hogarth, 1975. [Reprinted London: Karnac Books, 1975.]〔山下千鶴子訳「児童分析の記録」Ⅰ・Ⅱ,『メラニー・クライン著作集6・7』, 誠信書房, 1987, 1988〕

Meltzer, D. (1966). The relation of anal masturbation to projective identification. In: *The Claustrum*. Strath Tay, Perthshire: Clunie Press, 1992.〔世良洋訳「肛門マスターベーションの投影同一化との関係」,『メラニー・クライン トゥデイ』岩崎学術出版社, 1993〕

Meltzer, D. (1967). *The Psychoanalytical Process*. London: Heinemann.〔松木邦裕監訳／飛谷渉訳『精神分的過程』金剛出版, 2010〕

Meltzer, D. (1968). An interruption technique for the analytic impasse. In: *Sincerity and Other Works: The Collected Papers of Donald Meltzer*, ed. A. Hahn. London: Karnac Books, 1994.

Meltzer, D. (1973). *Sexual States of Mind*. Strath Tay, Perthshire: Clunie Press.〔松木邦裕監訳／古賀靖彦訳『こころの性愛状態』金剛出版, 2012〕

Meltzer, D. (1974). Adhesive identification. In: *Sincerity and Other Works: The Collected Papers of Donald Meltzer*, ed. A. Hahn. London: Karnac Books, 1994.

Meltzer, D. (1975). The role of the narcissistic organisation in the communication difficulties of the schizophrenic. In: *Sincerity and Other Works: The Collected Papers of Donald Meltzer*, ed. A. Hahn (pp. 363-367). London: Karnac Books, 1994.

Meltzer, D. (1978). Richard week-by-week. In: *The Kleinian Development* (Book 2). Strath Tay, Perthshire: Clunie Press.

Meltzer, D. (1982). The conceptual distinction between projective identification (Klein) and container-contained (Bion). In: *Studies in Extended Metapsychology*. Strath Tay, Perthshire: Clunie Press, 1986.

Meltzer, D. (1983). *Dream Life*. Strath Tay, Perthshire: Clunie Press.〔新宮一成・福本修・平井正三訳『夢生活――精神分析理論と技法の再検討』金剛出版, 2004〕

Meltzer, D. (1986). The psychoanalytic process twenty years on. In: *Sincerity and Other Works: The Collected Papers of Donald Meltzer*, ed. A. Hahn. London: Karnac Books, 1994.

Meltzer, D. (1992). *The Claustrum*. Strath Tay, Perthshire: Clunie Press.

Meltzer, D. (2000). A review of my writings. *Exploring the Work of Donald Meltzer. A Festschrift*, ed. M. Cohen & A. Hahn (pp. 1-11). London: Karnac.

Meltzer, D., Bremner, J., Hoxter, S., Wedell, D., & Wittenberg, I. (1975). *Explorations in Autism. A Psychoanalytic Study*. Strath Tay, Perth-shire: Clunie Press.

参考文献

Meltzer, D., & Harris Williams, M. (1988). *The Apprehension of Beauty*. Strath Tay, Perthshire: Clunie Press.〔細澤仁監訳／上田勝久・西坂恵理子・関真粧美訳『精神分析と美』みすず書房, 2010〕

Money-Kyrle, R. (1968). Cognitive development. In: *Collected Papers of Roger Money-Kyrle*. Strath Tay, Perthshire: Clunie Press, 1978.

Schmitt, C. B. (1966). Perennial philosophy: from Agostino Steuco to Leibniz. *Journal of the History of Ideas*, 27: 505-534.

Swedenborg, E. (1768). *Conjugal Love*. Quoted in: *Conversations with Angels: What Swedenborg Heard in Heaven*, ed. L. Fox & D. L. Rose. West Chester, PA: Chrysalis Books, 1996.

索引

ア行

愛, 転移　love, transference　1, 2, 98
アブラハム　Abraham, K.　44, 75
アリストテレス　Aristotle　43
アルファ要素　alpha elements　46, 87, 97
アルファ機能　alpha function　35, 46, 87, 121
　母親の夢想による―　46, 114, 121
　心／乳房の―　41, 51, 83, 97, 111, 112
　逆転した―　46, 49
アンデルセン『リトル・マーメイド』　Andersen, H. C., «The Little Mermaid»　60, 68, 71
アンナO　«Anna O»　1, 43
アンビバレンス　ambivalence　9, 10, 45, 46, 80, 100, 106
　―と抑うつ的な痛み　9, 76
　心／乳房に対する―　50, 102
　エディプス的―　90, 125
　カップルとしての両親に対する―　10
　考えることに対する―　3, 54

イド　id　2, 27, 28, 44, 77, 100
　―対自我　35

ウィトゲンシュタイン　Wittgenstein, L.　4
うつ病　melancholia　1, 2, 6, 7, 68–70, 100, 107
うつ病性の混乱　depressive confusion　1

LHK　4, 46, 54, 86
　－LHK　4, 51, 54, 86
永遠の哲学　perennial philosophy　125–136
エディプス葛藤　œdipal conflict　2, 5, 9, 10, 56, 77, 79, 80, 100, 125, 127, 128, 142
エディプス・コンプレックス　Œdipus complex　2, 10, 30, 31, 37, 39, 40, 44, 82
　―の解消　2
　―と取り入れ同一化　99–123
　逆―　68

　性器期の―　2, 28, 44, 53
　前性器期の―　2, 44
　分析の女性的側面と男性的側面　225
　エディプス的敵意　23, 55
オイディプス(エディプス)　Œdipus　27, 32, 34, 36, 48, 60, 69, 83, 90, 91, 93, 126, 128, 131
「狼男」[フロイト]　«Wolf Man»　→フロイト,「狼男」の項参照

カ行

快感原則　pleasure principle　35, 84, 113
カタルシス　catharsis　xv, 1, 44, 46, 52, 55
　情緒の―, ―の必要性　43
甲殻[ビオン]　«carapace»　→ビオン, 甲殻の項参照
考える(こと)　thinking　14, 23, 29, 46, 54, 83, 97, 102
　―過程　3
　―ための心／乳房　80
　―と母親の夢想　8
　―能力　8, 53, 54, 115, 118
　―の機能　23
　―のビオンの理論　iv, 54, 90, 97, 114
　―へのアンビバレンス　54
考える人を探し求める考え　«thoughts seeking a thinker»　114
願望充足　wish-fulfilment　125
奇怪な対象　bizarre object　46, 49, 54, 86
基底的想定グループ　basic assumption group　120
基底的想定心性　basic assumption mentality　29
逆転移　countertransference　44, 53
去勢不安　castration anxiety　10, 77

161

索引

クライン　Klein, M.　xi, xiii–xv, 2, 4, 28, 36, 40, 45, 54, 75, 79, 82, 83, 90, 98, 101, 109, 111, 112, 127, 128
　アンビバレンスについて　10, 45, 80
　スプリッティング　29, 44, 45
　　―と理想化　45, 76, 78, 101
　　―と投影同一化　29, 44, 45, 52, 78, 98, 112, 114, 127
　　　自己と対象の―　28
　前性器期のエディプス葛藤　80
　羨望について　70
　早期不安について　53
　躁的防衛　30
　投影同一化　29, 44, 45, 101
　妄想・分裂ポジション, 抑うつポジションの前の―　3, 25
　良い乳房　89, 98, 114
　抑うつポジション　3, 55, 56, 71, 134
　「リチャード」《Richard》　78, 82, 125
　→同一化, 妄想・分裂ポジション, 抑うつポジションも参照
グリッド［ビオン］Grid　→ビオン, グリッドの項参照

芸術, 治療的効果　art, therapeutic effect of　122
結合対象　combined object　23, 25, 45, 56, 69, 76, 78, 79, 83, 105, 106, 122
　―のフロイトの理論　75
ゲーテ　Goethe, J. W. von　72
幻覚　hallucination　8, 40, 47, 54, 86, 121, 145
原光景　primal scene　20, 70, 127
原始心性　protomental　47, 114, 120
　―としてのマインドレス　114
現実　reality
　内的―と外的―　ii, 52, 78, 86, 110, 121, 125, 128, 132, 133
　　―原則　35, 84, 113
　　―と夢　125
　　―の混同　125, 133

肛門－膣の混乱　anal-vaginal confusion　57
心　mind

アンビバレンス　50
　―／乳房　8, 23, 29, 31, 35, 39, 40, 49, 51, 81, 83, 92, 97, 114, 130, 136
　―との融合, 自閉症における　81
　―のアルファ機能　41, 51, 83, 97, 111, 112, 121
　―の情緒的重力場　40
　―への依存　51, 80, 90, 95
　投影のコンテイナーとしての―　66, 80, 90, 102, 112
　内的な良い対象　3, 23, 54
　分析的な―　31, 96, 97, 115
心の構造モデル　structural model of mind　2, 77, 100
コレット　Colette, S. G.　40
コンテイナー(容器)［ビオン］container　96
　―／コンテインド機制　41, 52, 87, 114
　―としての心　38
　―／乳房　20, 80, 102, 110, 112
　―としてのタンス　66, 68
　―としての内的対象　71
　―としての分析　52
　―としての良い乳房　114
　母性的―　46, 97, 110, 114

サ行
催眠　hypnosis　1, 2, 43, 82, 115
サド－マゾヒズム　sado-masochism　23, 57, 94, 96, 101, 105, 128
作業グループ心性　work-group mentality　29
死　death
　乳房の―　66, 69
　父親の―　30
　―の不安　80
　―の本能　3, 36
　心の―　55, 121
　母親の―　30, 33, 116, 119
シェイクスピア　Shakespeare, W　71, 72
自我　ego　27, 28, 34, 35, 45, 56, 67, 77, 99, 100, 125, 131
　―の中の沈殿物　101
　―理想　2, 22, 31, 40, 44, 45, 53, 57, 78, 99,

162

101, 109, 111, 125, 131, 133
　— 対 自己　129
　—と取り入れ同一化　31, 111
　—と良い乳房　78
　—の発達　103
　超自我との関係　2, 22, 86
　良い対象の内在化　53
　良い内的両親との同一化　101
　→心の構造的モデルも参照
自己愛　narcissism　101
自己愛性同一化　narcissistic identification　29, 63, 67, 112
自己愛的組織化　narcissistic organization　4, 112, 130
自傷　self-mutilation　16
自閉症　autism　81
シャルコー　Charcot, J. B.　82
宗教　religion　i, iii, iv, 38, 43, 53, 57, 62, 99, 102, 109, 125, 126, 131–133
終結　termination　38, 42, 87, 96, 102, 108
十字架の聖ヨハネ　John of the Cross, St.　132
自由連想　free association　2
シュミット　Schmitt, C. B.　132
ショー　Shaw, G. B.　135
ジョイス　Joyce, J.　72
昇華　sublimation　3, 36
消化管モデル　gastrointestinal model　46
象徴的思考　symbolic thought　3, 8, 41, 47, 80, 82, 98, 102, 121, 133, 136
　— 対 反‐象徴的思考　8
心気症　hypochondria　8, 55
　抑うつ　97
　— 対 精神身体病　121
人工皮膚　«second skin»　111
身体精神病　somapsychotic　113–123
侵入機制　intrusive mechanisms　35
侵入同一化　intrusive identification　9, 24, 29, 52, 53, 112, 131
審美的葛藤　aesthetic conflict　4, 25, 29, 54, 55, 122, 131, 133, 136
審美的な対象　aesthetic object　4, 25
審美的メタ心理学　aesthetic metapsychology

29, 122
スウェーデンボルグ　Swedenborg, E.　129
ストラヴィンスキー　Stravinsky, I. F.　19
スプリッティング(分裂)　splitting　9, 22, 29, 44, 45, 52, 53, 55, 76, 78, 82, 84, 93, 101, 112, 114
　機制　35
　自己と対象の—　28
　自己の感覚の—　30
　自我の—　125
　— 対 統合　35
生の本能　life instinct　3, 36
精神機能の地理的側面　geographic dimensions of mental apparatus　1
精神身体病(心身症)　psychosomatic disorders　113–123
精神病　psychosis　ii, 3, 8, 9, 54, 98
精神病的機制　psychotic mechanism　121
精神病性疾患　psychotic illness　97, 115, 121
精神病性同一化　psychotic identification　29
精神病性不安　psychotic anxiety　8, 41, 98
精神分析に対する歴史的アプローチ　historical approach to psychoanalysis　1, 111
性欲(性愛)　sexuality
　女性の—　103
　成人の—　36, 118
　性器的—, 抑圧　77
　—のトイレット機能　91
　前性器的—　2, 75, 77
　幼児—　1, 2, 36, 44, 46, 75, 91, 101, 118
　→幼児性欲も参照
　抑圧された—というリビドーモデル　100
摂食, 乳幼児期の影響　2
創造性　creativity　36, 102, 106, 110
　芸術的—　3
　—の償いの側面　3
躁的防衛　manic defence　2, 35, 48, 56
躁的逃避行　manic flight　32, 35
躁的修復　manic reparation　56

163

索引

タ行
対象　→結合対象；内的対象；部分対象を参照
タビストック・クリニック　Tavistock Clinic　v, xiii, xiv, 89
ダンテ　Dante Alighieri　71

父親　father
　—の死　6
　理想としての—　100
乳首　nipple
　混乱　76
　—の機能　81
　部分対象としての—　76
　→乳房‐と‐乳首の項も参照
乳房　breast
　心／—　→心／乳房を参照
　　良い結合部分対象としての心／乳房‐と‐乳首　54, 76
　良い—　40, 53, 78, 90, 98, 101, 114
　悪い—　40, 53, 94, 98, 101, 109
地理的混乱　geographical confusion　3, 8, 31, 37, 39, 45, 55, 59
地理的メタ心理学　geographical metapsychology　29, 37, 40, 120
超自我　superego　2, 27, 28, 40, 44, 45, 52, 53, 57, 63, 77, 78, 86, 94, 105, 109, 125, 126
　—と自我理想　22, 44, 99, 109

償い　reparation　56

ディアギレフ　Diaghilev, S. P.　20
デカルト　Descartes, R.　83, 151
テニスン　Tennyson, A. Lord　72
転移　transference　i, iii, 1, 9, 16, 17, 24, 39, 53, 91, 97, 102, 115, 120, 130, 133, 136
　依存—　32
　性愛—　2, 98
　陽性—　31, 98

トイレット機能（排泄）　toileting
　心の—　43, 47
　—の乳幼児における影響　2
同一化　identification　1, 20, 22, 23, 33, 48, 51, 55, 56, 59, 64, 68, 70, 71, 76, 77, 79, 91, 94, 99–101, 103–105, 110, 111, 116, 117, 130, 136
付着性—　29, 81, 112
混乱した—　97
父親との—　24
取り入れ—　xv, 31, 99, 102, 111, 114, 127, 128, 131
　—とエディプス・コンプレックス　99–112
侵入—　9, 24, 29, 52, 53, 112, 131
自己愛性—　29, 63, 67, 112
　—過程　2, 29
　—と心のトイレット機能　43–57
投影—　2, 3, 29, 44, 45, 52, 78, 80, 81, 86, 96, 98, 101, 102, 111, 112, 114, 127, 135
同一性（アイデンティティ）の混乱　confusion of identity　xiv, 2, 5, 45, 130, 135, 136
投影　projection　8, 27, 40, 41, 45, 52, 62, 67, 69, 90, 96, 98, 102, 110, 112, 114, 127
投影同一化　projective identification　xiv, xv, 2, 3, 29, 44, 45, 52, 78, 80, 81, 86, 96, 98, 101, 102, 111, 112, 114, 127, 135
統合失調症　schizophrenia　9, 36, 40, 121
統合 対 スプリッティング　integration vs. splitting　35
同性愛　homosexuality　17, 22, 24, 68, 70, 116, 128
ド・クインシー　De Quincey, T　38
トラハーン　Traherne, T.　132
取り入れ　introjection　27, 81
取り入れ同一化　introjective identification　31, 99, 102, 111, 114, 127, 128, 131
　—とエディプス・コンプレックス　99–123
トルストイ　Tolstoy, L. N.　71

ナ行
内的現実の否認　inner reality denial of　9, 56
内的対象　internal object　3, 23, 27, 45, 53, 69, 71, 79, 93, 102, 115, 119, 127, 128
ニジンスキー　Nijinski, V.　19, 20, 23
認識論的メタ心理学　epistemological metapsychology　29, 37, 120
乳幼児観察　infant observation　76, 78, 89–98

ヌレエフ　Nureyev, R.　19, 21, 23

ハ行
迫害不安　persecutory anxiety　2, 9, 77, 89, 98, 136
破局的不安　catastrophic anxiety　38
破局的変化　catastrophic change　25, 111
ハクスリー　Huxley, A.　132
母親　maternal　35, 40, 63, 110, 120
　―と同一化　43–57
　―の死　55, 121
　―の構造　2, 35, 79, 100
　―の地理的側面　3
　―のトイレット機能　43, 47
　―の報復　93
母親の死　mother, death of　33, 116, 119, 120
母親の夢想　maternal reverie　8, 35, 46, 86, 102, 114, 115, 121
ハーバート　Herbert, G.　133
ウィリアムズ　Williams, Harris, M.　3, 4, 25, 29, 55, 123
反-象徴 対 非-象徴の精神活動　anti-symbolic vs. non-symbolic mental activity　8, 41
反-象徴的な負の力　anti-symbolic negative force　8, 41, 80
万能的なコントロール　omnipotent control　33, 111

Ps-D　25, 41, 86
ビオン　Bion, W. R.　xiii–xv, 35, 80, 83, 90, 110, 111, 125, 126, 128
　アルファ機能について　on alpha function　35, 97
　アンビバレンスについて　on ambivalence　10
　O　81, 83
　基底的想定心性について　on basic assumption mentality　29
　グリッド　84
　原始心性について　114, 120
　甲殻　«carapace»　107, 111
　心／乳房　23, 130

コンテイナー　71, 96
　―／コンテインド　41, 52
　―としての母親の心／乳房　110
知ることについて　3
身体精神病について　113
精神病的メカニズムについて　80
投影同一化について　2, 29, 80, 101
内在化／排泄について　53
内的な良い対象について　23
破局的不安について　39
破局的変化について　25
破綻か突破か　«breakdown or breakthrough»　25, 39, 41, 55, 121
　―の考えることについての理論　8, 21, 38, 41, 46, 49, 97, 113, 136
　―の地理的メタ心理学　120
　―の認識論的メタ心理学　29, 120
母性的な夢想　46
妄想・分裂的と抑うつポジションについて　25
非-象徴の精神活動　non-symbolic mental activity　8, 41, 80
　― 対 反象徴　8, 41
ヒステリー　hysteria　1, 75, 81, 82
ピタゴラス　Pythagoras　84
ビック　Bick, E.　78, 81, 89, 111
美，―の憂慮　beauty, apprehension of　3, 122
ピランデッロ　Pirandello, L.　72

不安　anxiety (ies)
　破局的―　38
　抑うつ―　2, 41, 54
　早期―［クライン］　41, 53, 89
　迫害―　22, 89, 136
　精神病性の―　8
フォンテン　Fonteyn, M.　19
付着同一化　adhesive identification　29, 81, 112
部分対象　part-object　44, 67, 70, 75–77, 90, 94
　結合した　xv, 67, 75–87, 89–98
　―としての乳首　76

索引

プラトン　Plato　3, 10, 25, 82, 109, 131
　洞窟の神話　myth of cave　10, 37
フリース　Fliess, W　27, 75
ブルノ　Bruno, F.　118
ブレイク　Blake, W.　4, 44
ブロイアー　Breuer, J.　1, 55
　アンナO　Anna O　1, 43
ブーレーズ　Boulez, P.　21
フロイト　Freud, S.　xiii–xv, 1–3, 8, 10, 27, 28, 36, 43, 44, 54, 56, 75–77, 80–82, 84, 90, 98–100, 103, 104, 107, 109, 113, 125, 127, 128, 130, 136
　エディプス・コンプレックス　82, 99, 101
　「狼男」　«Wolf Man»　127
　快感原則と現実原則について　35, 113
　去勢不安について　10, 77
　宗教について　43, 125
　シュレーバー症例　36
　昇華について　3, 36
　女性の性愛性について　68, 103
　心的痛みに対する防衛機制について　28
　精神分析の発展　1, 2
　創造性について　36
　発生的側面について　2
　ヒステリーと魔女について　75, 82
　部分対象としての乳首　67, 69
　—の心の構造的モデル　3, 28, 44, 77, 100
　—の説明カテゴリー　1
　夢理論について　127
分離不安　separation anxiety　18, 31, 55, 77, 91

閉所　claustrum　35–42, 63, 69, 70, 102, 120, 121, 128
閉所恐怖　claustrophobia　37, 102, 128, 134
閉所嗜癖　claustrophilia　125–136
ヘンデル　Handel, G. F.　135
ベータ要素　beta elements　46, 86

ホッファー　Hoffer, W　100
ホプキンス　Hopkins, G. M.　126
ホメロス『オデュッセイア』　Homer, *Odyssey*　60, 68, 69, 71

マ行

マインドレス　mindlessness　3, 8, 54, 71, 75, 83, 97, 98, 114, 148, 151
　原始心性 «protomental»　114
マスターベーション　masturbation　13, 14, 20, 23, 79
　肛門—　128, 130
マッカラーズ　McCullers, C.　72
ミルトン　Milton, J.　126, 128
メルツァー　Meltzer, D.　xi, xiii, xiv, 1, 3, 4, 9, 55, 78, 83, 122, 125, 126, 136
　クラインについて　79
　精神分析過程について　79
　前形成転移　9
　乳首 - ペニスについて　76–96
　乳房
　　—と-乳首　79
　　—の死　66
　内的な母親について　111
　ビオンのグリッドについて　86–88
　『閉所』　*The Claustrum*　1, 3
　—の心の地理　3, 31, 37, 39, 40, 45, 55, 59, 111, 128, 136
　—の審美的メタ心理学　25, 29, 122
　抑うつポジション　48, 121

喪　mourning　2, 42, 44, 100, 103
　—とメランコリー　1
　—と抑うつのメタ心理学　44
妄想体系　delusional system　3
妄想・分裂ポジション　paranoid-schizoid position　3, 25, 41, 55, 86
モネー゠カイル　Money-Kyrle, R.　80

ヤ行

夢　dream(s)　27–42
　地理的混乱　59
　フロイトの理論の—　125
　閉所恐怖症の—　134
『ユリシーズ』　*Ulysses*　69, 72

良い乳房　good breast　40, 53, 78, 90, 98, 101,

114
幼児性欲　infantile sexuality　1, 2, 36, 46, 75, 91, 101
　　エディプス的な—　44
　　無意識の—　136
抑圧　repression　2, 28, 77, 100, 113, 114
　—　対　リビドー　35
抑うつ　depression　5–7, 16, 20, 28, 32, 44, 53, 61, 69–71, 77, 91, 93, 100, 105
抑うつ不安　depressive anxiety　2, 55
抑うつ疾患　depressive illness　45, 46, 51, 56
抑うつポジション　depressive position　3, 25, 55, 56, 71, 86, 130, 134, 136
　—の峠　48, 121
夜尿症　enuresis　13, 15, 23

ラ行

ラヴェル　Ravel, M.　40
ラッセル　Russell, B.　84

リチャード［クライン］　→クライン，「リチャード」の項を参照
理想化　idealization　45, 76, 78, 101

自己—　36
離乳　weaning　19, 66, 69, 99
リビドー　対　抑圧　libido vs. repression　35
臨床素材　clinical material　59–67, 90–96, 133–136
　エディプス・コンプレックスと取り入れ同一化　102–107
心のトイレット機能　47–51
精神身体病　115–123
青年期の混乱　5–7, 13–22
破局的不安と閉所から抜け出すこと　38–42
閉所恐怖　claustrophilia　128–130
夢とエディプス・コンプレックス　30–34

ロンドン精神分析協会　London Institute of Psycho-Analysis　89

ワ行

ワークスルー［フロイト］　working through (Freud)　28, 90, 96
悪い乳房　bad breast　40, 53, 94, 101, 109
悪い母親　bad mother　82, 109

著者略歴
(Kenneth Sanders)

イギリスの精神分析家．1928年リーズ（Leeds）生まれ．1951年リーズ医学校にて医師免許取得．軍医として兵役に二年間就いた後，ロンドンで一般開業医として働く．ドナルド・メルツァーに精神分析を受け，英国精神分析協会会員．タビストック・クリニックの児童の心理療法コースの訓練分析家として活躍．ポスト・クライン派の精神分析について，ロンドンをはじめイタリアやイスラエルでも広く教育活動をおこなっている．著書に *A Matter of Interest: Clinical Notes of a Psychoanalyst in General Practice* (Clunie Press, 1986) *Nine Lives: The Emotional Experience in general practice* (Clunie Press, 1991) *Mind from Brain: Emotional Problems in Primary Care - A Psychoanalytic View* (Karnac Books, 2006) などがある．

監訳者略歴

中川慎一郎〈なかがわ・しんいちろう〉 1956年福岡県生まれ．精神科医．1982年九州大学医学部卒．専門は精神分析．日本精神分析学会認定医．現在，牧病院勤務．共著書に『抑うつへの精神分析的アプローチ』（金剛出版，2007）『精神病への精神分析的アプローチ』（金剛出版，2008），共訳書にビオン『再考』（金剛出版，2007）がある．

序 執筆者略歴

平井正三〈ひらい・しょうぞう〉 1963年兵庫県生まれ．臨床心理士．精神分析的心理療法士．1994年京都大学大学院教育学研究科博士課程研究指導認定退学．専門は精神分析．現在，御池心理療法センターにて開業．NPO法人子どもの心理療法支援会理事長，大阪経済大学大学院人間科学研究科客員教授．著書に『子どもの精神分析的心理療法の経験』（金剛出版，2009）『精神分析的心理療法と象徴化』（岩崎学術出版社，2011）など，共著書にヒンシェルウッド『クリニカル・クライン』（誠信書房，1999）ビオン『精神分析の方法II』（法政大学出版局，2002）メルツァー『夢生活』（金剛出版，2004）などがある．

訳者略歴

賀来博光〈かく・ひろみつ〉 1955年長崎県生まれ．1981年長崎大学医学部卒．専門は精神医学，精神分析学．日本精神分析学会認定精神療法医・スーパーヴァイザー．賀来メンタルクリニック院長．共著書に『抑うつへの精神分析的アプローチ』（金剛出版，2007）『精神病の精神分析的アプローチ』（金剛出版，2008）『現代精神医学事典』（弘文堂，2011）．

工藤晋平〈くどう・しんぺい〉 2003年九州大学大学院人間環境学府単位取得後退学．博士（心理学）．臨床心理士．専門は精神分析および愛着理論．現在，京都大学学際融合教育推進センター特定准教授，NPO法人風の家理事．共著書に『アタッチメントの実践と応用』（ミネルヴァ書房，2012）．共訳書にP・フォナギー『愛着理論と精神分析』（誠心書房，2008）D・オッペンハイム／D・F・ゴールドスミス編『アタッチメントを応用した養育者と子どもの臨床』（ミネルヴァ書房，2012）などがある．

坂下優二〈さかした・ゆうじ〉 1976年鹿児島県生まれ．臨床心理士．2001年佐賀大学大学院教育学研究科修了．現在，医療法人むつみのかい もろくま心療クリニック・森の心理相談室勤務．

南里幸一郎〈なんり・こういちろう〉 1965年福岡県生まれ．精神科医．1990年防衛医科大学校卒．専門は精神病理学，精神分析学．現在，医療法人恵愛会福間病院精神科勤務．共訳書にL・スペリー／J・カールソン『精神病理と心理療法』（北大路書房，1997）がある．

西 見奈子〈にし・みなこ〉 2006年九州大学大学院人間環境学府博士後期課程単位取得満期退学．博士（心理学）．臨床心理士．専門は精神分析．日本精神分析学会認定心理療法士．日本精神分析協会候補生．現在，近畿大学九州短期大学保育科准教授，賀来メンタルクリニック勤務．共著書に『教育相談支援 子どもとかかわる人のためのカウンセリング入門』（編著，萌文書林，2010）．

渡邉真里子〈わたなべ・まりこ〉 精神科医．1994年高知医科大学（現 高知大）医学部医学科卒．専門は精神医学，精神科リハビリテーション，精神分析学．日本精神分析学会認定精神療法医．現在，医療法人恵愛会福間病院精神科勤務．共著書に『摂食障害の精神分析的アプローチ』（金剛出版，2006）がある．

ケネス・サンダース
ポスト・クライン派の精神分析
クライン、ビオン、メルツァーにおける真実と美の問題

平井正三 序
中川慎一郎 監訳
賀来博光・工藤晋平・坂下優二
南里幸一郎・西 見奈子・渡邉真里子
共訳

2013 年 4 月 5 日 印刷
2013 年 4 月 16 日 発行

発行所 株式会社 みすず書房
〒113-0033 東京都文京区本郷 5 丁目 32-21
電話 03-3814-0131（営業） 03-3815-9181（編集）
http://www.msz.co.jp

本文組版 キャップス
本文印刷・製本所 中央精版印刷
扉・表紙・カバー印刷所 リヒトプランニング

© 2013 in Japan by Misuzu Shobo
Printed in Japan
ISBN 978-4-622-07755-8
［ポストクラインはのせいしんぶんせき］
落丁・乱丁本はお取替えいたします

精神分析と美	メルツァー／ウィリアムズ 細澤 仁監訳	5460
解離性障害の治療技法	細澤 仁	3570
心的外傷の治療技法	細澤 仁	3570
W氏との対話 フロイトの一患者の生涯	K. オプホルツァー 馬場謙一・高砂美樹訳	3780
臨床日記	S. フェレンツィ 森 茂起訳	5460
精神分析用語辞典	J. ラプランシュ／J. -B. ポンタリス 村上 仁監訳	10500
心理療法／カウンセリング 30の心得	岡野憲一郎	2310
落語の国の精神分析	藤山直樹	2730

（消費税5%込）

みすず書房

書名	著者	価格
現代フロイト読本 1・2	西園昌久監修 北山修編集代表	I 3570 II 3780
幻滅論 増補版	北山 修	2730
劇的な精神分析入門	北山 修	2940
最後の授業 心をみる人たちへ	北山 修	1890
思春期とアタッチメント	林 もも子	3360
自傷からの回復 隠された傷と向き合うとき	V. J. ターナー 小国綾子訳 松本俊彦監修	4410
もの忘れと認知症 "ふつうの老化"をおそれるまえに	J. C. ブライトン 都甲 崇監訳	3990
乳幼児精神医学入門	本城秀次	3360

(消費税 5%込)

みすず書房

書名	著者・訳者	価格
幼児期と社会 1・2	E. H. エリクソン 仁科弥生訳	I 3570 / II 3150
ライフサイクル、その完結 増補版	E. H. エリクソン他 村瀬孝雄他訳	2940
老年期 生き生きしたかかわりあい	E. H. エリクソン他 朝長梨枝子他訳	3570
玩具と理性	E. H. エリクソン 近藤邦夫訳	2730
青年ルター 1・2	E. H. エリクソン 西平直訳	I 2625 / II 3150
ガンディーの真理 1・2 戦闘的非暴力の起原	E. H. エリクソン 星野美賀子訳	各 3780
知能の心理学	J. ピアジェ 波多野完治・滝沢武久訳	3360
哲学の知恵と幻想	J. ピアジェ 岸田秀・滝沢武久訳	6300

(消費税 5%込)

みすず書房

精神医学重要文献シリーズ Heritage

統合失調症の精神症状論	村上 仁	3360
誤診のおこるとき	山下 格	3360
統合失調症 1・2	中井久夫	I 3360 II 3360
老いの心と臨床	竹中星郎	3360
失語症論	井村恒郎	3360
妄想論	笠原 嘉	3360
精神医学と疾病概念	臺弘・土居健郎編	3780

（消費税5%込）

みすず書房